人邮体育 青少年身体训练动作指导丛书

中国青少年体能训练师认证参考教材

全国体育运动学校联合会
专业推荐

U0742352

青少年
身体训练
动作手册

栏架、泡沫轴
与按摩棒训练

王雄 主编

人民邮电出版社
北京

图书在版编目（ＣＩＰ）数据

青少年身体训练动作手册. 栏架、泡沫轴与按摩棒训练 / 王雄主编. -- 北京：人民邮电出版社，2020.5（2023.12重印）
（青少年身体训练动作指导丛书）
ISBN 978-7-115-52011-1

Ⅰ. ①青… Ⅱ. ①王… Ⅲ. ①青少年—身体训练—手册 Ⅳ. ①G808.17-62

中国版本图书馆CIP数据核字(2019)第197259号

免责声明

本书内容旨在为大众提供有用的信息。所有材料（包括文本、图形和图像）仅供参考，不能用于对特定疾病或症状的医疗诊断、建议或治疗。所有读者在针对任何一般性或特定的健康问题开始某项锻炼之前，均应向专业的医疗保健机构或医生进行咨询。作者和出版商都已尽可能确保本书技术上的准确性以及合理性，且并不特别推崇任何治疗方法、方案、建议或本书中的其他信息，并特别声明，不会承担由于使用本出版物中的材料而遭受的任何损伤所直接或间接产生的与个人或团体相关的一切责任、损失或风险。

内 容 提 要

"青少年身体训练动作指导丛书"共8册，是中国青少年体能训练师认证参考教材，并得到了全国体育运动学校联合会的专业推荐。丛书由国家体育总局训练局体能训练中心创建人、负责人王雄主编，并由多位国内青少年体能训练专家、体育教育专家和奥运冠军担任专家顾问，旨在帮助青少年进行正确的动作练习，得到科学的锻炼指导。

本书首先介绍了栏架、泡沫轴和按摩棒训练的基础知识，以及它们在青少年身体素质提升锻炼中的运用优势。接着，本书采用真人示范、分步骤图解的形式，对超过70种动作练习的执行步骤、训练部位、主要肌肉、训练板块和训练目标等内容进行了讲解。最后，本书提供了针对不同训练需求的7个训练方案，旨在帮助青少年有效提升体能。

◆ 主　　编　王　雄
　　责任编辑　刘　蕊
　　责任印制　周昇亮

◆ 人民邮电出版社出版发行　　北京市丰台区成寿寺路 11 号
　　邮编　100164　　电子邮件　315@ptpress.com.cn
　　网址　http://www.ptpress.com.cn
　　北京虎彩文化传播有限公司印刷

◆ 开本：700×1000　1/16
　　印张：9.25　　　　　　　　　　2020 年 5 月第 1 版
　　字数：133 千字　　　　　　　2023 年 12 月北京第 3 次印刷

定价：49.80 元

读者服务热线：(010)81055296　印装质量热线：(010)81055316
反盗版热线：(010)81055315
广告经营许可证：京东市监广登字 20170147 号

编委会

主编：王 雄

编委：沈兆喆 刘 蕊 林振英 陈 洋 崔雪原 赵 芮 付子艺 王晓斐
张可盈 高延松 苗 宇 刘 也 朱昌宇

专家顾问成员：

孙文新——全国体育运动学校联合会教育发展委员会主任、幼儿体育分会会长，国家体育总局教练员学院教练员培训部原部长，研究员

张 冰——清华大学体育与健康科学研究中心主任，教授，博士生导师

闫 琪——国家体育总局体育科学研究所研究员，奥运金牌运动员体能教练

李丹阳——中国体育科学学会体能训练分会秘书长，武汉体育学院体能中心主任

张欣欣——北京市史家胡同小学副校长，特级体育教师，国培计划小学体育骨干教师培训指导教师

赫忠慧——北京大学体育健康中心主任，教授，国家学生体质健康标准数据库研究组成员

徐建方——国家体育总局体育科学研究所科学健身与健康促进研究中心主任，研究员

史东林——河北体育学院副院长，博士，中国体育科学学会体能训练分会常委

惠若琪——女排奥运冠军，惠基金发起人，元气排球发起人

范忆琳——体操世界冠军，范忆琳体操俱乐部创建人

冯 娟——国家体育总局训练局青少年俱乐部田径、体能训练专家，高级教练

尹晓峰——上海体育科学研究所信息研究中心主任，副研究员，上海市青少年体育协会体适能分会副秘书长

姜天赐——中国儿童中心教育活动部副部长，儿童体育兴趣培养专家

彭庆文——湖南怀化学院体育与健康学院院长，教授，幼儿体育研究专家

杨晓生——华南师范大学体育科学学院原党委书记，体育人文社会学教授

黄 波——华南师范大学体育科学学院副院长，教授，广东省学生体育艺术联合会游泳分会秘书长

唐 芬——广州市黄边小学校长，党支部书记，小学体育高级教师

吕 棣——北京市光明小学体育组组长，小学体育高级教师

张 旎——北京市十一中学一级体育教师，艺术体操国家一级运动员

彭劲枫——深圳市教育督学，深圳市福田区上步小学教科室主任

杨 斌——卡玛效能运动科技创始人，首席技术官，健身专家

谭廷信——"惠运动"智慧校园数字体育平台发起人

吴 东——北京能量学院儿童体能培训机构创始人、首席技术官

刘 派——优思博体育创始人，儿童教研专家

Randy Huntington——美国著名田径教练，现中国国家田径队苏炳添、陆敏佳等队员主教练

Ken Vick——美国VSP运动表现机构首席专家，美国青少年Spark课程项目技术顾问

致　谢

感谢为本丛书的出版做出积极贡献的强大的顾问团队，他们当中有拥有多年教龄的中小学体育教师，也有在一线执教多年的知名教练，还有幼儿体育、儿童兴趣活动、儿童教育实践、体质促进研究、青少年体能训练、青少年运动员科学训练和健身健康等领域的专家学者，他们代表了国内儿童和青少年身体训练领域的领先力量，也感谢其他国内同仁对这个领域的研究和实践所做的贡献。感谢人民邮电出版社有限公司对儿童和青少年体育领域的全力支持，感谢灌木拍摄团队的精心准备和辛勤付出，感谢本书的编委团队，我们一直在努力做好每一处细节，力争给大家提供一份可参考的材料。大家一起努力共同推进国内儿童和青少年训练领域的健康发展。

本丛书尚存在诸多不足之处，但这套 1.0 版本仅仅是开始，未来我们将会吸收更多的内容、理念，在细节上持续打磨和完善。此外，早在2013年我查阅市面上的儿童青少年体能训练资料的时候，就发现相关方面的研究资料及参考书极其有限，作为专业人员必须拥有的使命感促使我下决心编写一套能为儿童和青少年体育活动实践者提供帮助的材料，现在既然已经开始，我就会继续下去、不断升级，逐步打造出一系列科学、全面、实用的儿童和青少年身体训练动作指导手册！恳请所有读者向我们提出宝贵的建议！

科学发展观，少年中国梦。期待本丛书能够为国内儿童和青少年的身体训练发展带来一些促进和益处，让孩子提升生命质量，形成终身运动的好习惯，实现我们的共同目标："一切为了孩子，为了孩子的一切，为了一切孩子！"

丛书推荐序

2019年9月2日，国务院印发了《体育强国建设纲要》（以下简称《纲要》），体育强国梦有了明确的时间表和路线图。这份激动人心的体育强国建设规划从多个层次对青少年体育发展进行了清晰的表述，指出要充分发挥体育在建设社会主义现代化强国新征程中的作用。而儿童青少年体育乃是发展之本，国运兴需要体育兴，少年强才能国强。

这份一直规划到2050年的《纲要》在其"战略目标"中提到："青少年体育服务体系更加健全，身体素养显著提升，健康状况明显改善"。在其"战略任务"中提到："将促进青少年提高身体素养和养成健康生活方式作为学校体育教育的重要内容，把学生体质健康水平纳入政府、教育行政部门、学校的考核体系，全面实施青少年体育活动促进计划"。在《纲要》的解读中，进一步提到了"青少年体育发展促进工程"，将要："构建社会化、网络化的青少年体育冬夏令营体系，开展青少年体育技能培训，使青少年掌握2项以上运动技能；丰富青少年体育赛事活动，形成一批具有较大影响的社会精品赛事活动；构建青少年体育社会组织管理和支持体系，促进青少年体育俱乐部、青少年户外体育活动营地等发展。实施青少年体育拔尖人才建设工程，推动体校特色运动队、俱乐部运动队、大中小学运动队及俱乐部建设。进一步发挥体校和社会俱乐部培养竞技体育后备人才的优势。落实教练员培养规划，实施教练员轮训，提高青少年体育教练员水平"。《纲要》将在接下来的时间里，进一步引领我们的青少年体育事业的发展。

我在体育行业工作四十五年，工作方向从全民健身到竞技体育再到青少年体育，现所在的全国体育运动学校联合会的主要工作宗旨是：团结和推动全国各级各类体育运动学校、青少年体育俱乐部等会员单位的建设与发展，为提高青少年身体素质、培养输送高水平竞技体育后备人才和为社会培养合格的体育专业人才服务，努力为各类青少年体育组织提供一个发展和交流平台，推动中国儿童青少年体育事业发展，促进体育强国和健康中国建设。对于儿童青少年的成长发展来说，体育运动在其中扮演着重要的角色。体育运动能够提升身体素质，促进身体健康和脑力发展，同时培养运动精神和团队精神，增强抗挫折能力和勇气，让每一个孩子能更好地成长为社会需要的人才。

由王雄老师主编的这两套丛书："儿童身体训练动作指导丛书"和"青少年身体训练动作指导丛书"，其编委会集合了行业内多位知名的专家顾问，包括儿童青少年领域的科研人员、资深中小学体育教师、一线执教的国家队体能教练和青少年俱乐部的儿童训练专家等，代表了国内儿童青少年身体训练领域的先进力量。丛书的内容体系完整，涵盖广泛，表述清晰，针对6~15岁的儿童和青少年。在目前国内中小学生的完整的身体训练体系还在摸索和构建的背景下，丛书为广大体育和教育领域的工作者，尤其是各级体校教练、小学体育教师以及青少年俱乐部教练提供了针对儿童和青少年体能教育的指导策略和教学模式参考，并帮助其设计适合不同发育水平孩子的身体训练计划，从而达到丰富体育课程内容、全面提升儿童青少年身体素质和健康水平的目标。丛书突出了儿童青少年训练的针对性、规范性和实效性，丰富了青少年运动训练的多样化方式，可作为广大家长、体育教师、教练员和体能训练师的参考用书。

在具体内容上，丛书根据不同年龄段儿童青少年的生理和心理发展特征，采用了适用于不同年龄段的身体训练动作和活动方式。例如在儿童徒手练习当中，涵盖了儿童肌肉力量、爆发力、协调性、速度、灵敏反应、柔韧性和能量代谢练习等多个素质类别，还包括大量的动作模式练习、双人配合练习、爬行练习和儿童瑜伽等丰富多彩的实践内容。在形式上，除了提供高质量的动作图片展示之外，还具备通过扫描二维码看视频的功能，可以让读者一目了然地全方位了解动作过程，帮助施教者提供更安全、更科学和更准确的体育教学。

科学发展观，少年中国梦。我仅代表全国体育运动学校联合会衷心将本套丛书推荐给所有儿童青少年的家长、学校体育教师、儿童和青少年身体训练研究人员、从事儿童和青少年体能教育培训的教练或技术人员、相关基层专业队以及青少年俱乐部队伍的教练员。希望丛书能为国内的儿童青少年提供更科学、更安全和更有趣味性的运动指导，帮助孩子们打下坚实的身体运动基础，掌握运动技能，提升运动表现，并享受运动带来的健康和乐趣。

职务：全国体育运动学校联合会教育发展委员会主任，研究员

原任：国家体育总局干部培训中心副主任，国家体育总局教练员学院教练员培训部部长，北京体育大学及河北师范大学的硕士、博士研究生导师

2019 年 10 月 25 日

丛书序

儿童和青少年是祖国的未来，民族的希望。强健儿童和青少年体魄，帮助下一代培养良好的生活习惯和运动精神，有利于其塑造正确的人生观和价值观。

在数字经济和人工智能飞速发展的大时代背景下，我们的身体依然停留在为运动而设计的远古时代。体育运动的意义不仅是闲暇时的消遣，还是人类平衡现代生活习惯和远古人体设定的最有效途径。体育运动对促进儿童和青少年身心的全面协调发展有着不可替代的重要作用，而儿童和青少年体育不仅是所有体育事业的基石，更是发挥教育功能和社会效益的重要工具。致力于发展儿童福利事业的宋庆龄曾呼吁——一切为了孩子，为了孩子的一切，为了一切孩子。这句话精辟凝练，含义深刻，是我们全社会践行儿童青少年体育工作的宗旨。

1. 政府重视，政策支持

青少年体质健康历来受到高度重视，习近平总书记在2014年8月15日看望南京青奥会中国体育代表团时强调，少年强、青年强则中国强。少年强、青年强是多方面的，既包括思想品德、学习成绩、创新能力和动手能力，也包括身体健康、体魄强壮和体育精神。此外，习近平总书记高度重视学校体育工作，在系列讲话中指出，身体是人生一切奋斗成功的本钱，少年儿童要注意加强体育锻炼，家庭、学校、社会都要为少年儿童增强体魄创造条件，让他们像小树那样健康成长，长大后成为建设祖国的栋梁之材。要从娃娃抓起，扎扎实实提高竞技体育水平，持之以恒开展群众体育，不断由体育大国向体育强国迈进。

为扭转当前学生体质健康状况持续下降的趋势，近年来，党中央和政府陆续发布了多项政策指令。2007年中共中央、国务院印发《关于加强青少年体育增强青少年体质的意见》（中发〔2007〕7号）；2012年国务院办公厅转发教育部等部门《关于进一步加强学校体育工作的若干意见》的通知（国办发〔2012〕53号）；2013年十八届三中全会通过的《中共中央关于全面深化改革若干重大问题的决定》明确提出"强化体育课和课外锻炼，促进青少年身心健康、体魄强健"的青少年体育工作目标；2016年国务院办公厅印发《关于强化学校体育促进学生身心健康全面发展的意见》（国办发〔2016〕27号），指出"以'天天锻炼、健康成长、终身受益'为目标，到2020年学生体育锻炼习惯基本养成，运动技能和体质健康水平明显提升，规则意识、合作精神和意志品质显著增强"。针对影响儿童青少年健康方面比较突出的近视问题，2018年8月30日，教育部、国家卫生健康委员会、国家体育总局等8部门联合印发《综合防控儿童青少年近视实施方案》，明确提出了2023年和2030年的近视防控目标。

2. 社会关注，市场推动

体质健康水平关系到青少年的健康成长，关系到千家万户的幸福。近年来的全国学生体质健康调研结果显示，我国学生的平均身体素质和健康水平连续多年持续下降，学生体质健康方面存在着诸多令人担忧的严重问题。

一段时期以来，关于我国儿童和青少年体质水平连续下滑的报道不断：由于受到充斥着电子游戏和垃圾食品的生活环境，以及久坐少动的现代生活方式的影响，儿童和青少年的劳动及体力活动急剧减少；由于营养过剩，儿童和青少年肥胖率不断上升；由于学习负担过重，儿童和青少年缺乏足够的活动时间；由于体育课安排不足，儿童和青少年运动个性化、多样化和科学化不够……这些问题已引发社会各界的广泛关注。

为了解决这些问题，全国各地的学校都在不断尝试进行体育教学改革，同时各式儿童体能训练机构如雨后春笋般地在一些城市中快速涌现。然而，应该如何进行儿童和青少年身体训练，学校和家长应该如何配合，学校及儿童体能训练机构如何才能为孩子提供更科学、更安全、更方便、更有趣、无污染的、有监控的、个性化的、有规划的体育课程或身体练习方案……针对以上问题，无论是理论研究还是实践指导，相比一些有长久积累和规模发展的国家，我国还处于起步阶段，需要虚心学习和研究借鉴。

除了学校，目前国内儿童青少年体育培训机构早已超过万家，专业的儿童体能训练机构的数量也在不断增加，不仅在一线城市形成了规模化发展，更在二线和三线、四线城市中迅速发展。即便如此，目前全国平均每2万名儿童青少年才对应一家专门的体育培训机构，远远无法满足实际需求。然而需求还在持续增长，中国新一代年轻父母在子女体育运动爱好培养及体能提升培训方面的投入不断增加，在家庭消费支出中占据重要比重。市场的巨大潜力推动了行业的发展，但与此同时也给行业带来发展中的挑战，我们需要避免急功近利导致的市场乱象，应当在标准化、规范化的运营管理和科学化、个性化的课程安排方面，尽力促进整个行业的健康发展。

3.遵循科学，遵循规律

让运动成为孩子生活一部分，让每个孩子都可以愉快地参与丰富多彩的体育活动，享受高质量的体育教育给身心带来的积极变化，从小树立良好的运动习惯和体育价值观是我们的目标。只有家庭、学校和社会共同发力，创造一个有利于儿童青少年身心发展的健康运动环境，才能帮助孩子们提升体质和强健体魄。而在儿童青少年的体育教学理念中，最重要的就是遵循孩子的身体的生理发展规律，也就是我们经常说的"敏感期"问题。

科学研究证明，在青少年生长发育的过程中，身体形态和机能发展不是均衡渐进的，并存在着"敏感期"。这种敏感期是指某种运动素质在儿童、青少年时期，在有机体自然生长发育的基础上，可以实现最优化发展的某些特定年龄阶段。例如，在孩子的肌肉发育过程中，首先应关注大肌群的增长，然后是精细化的动作控制。在某个阶段，孩子力量的增加主要依靠神经肌肉协调控制，而非肌肉体积的增大或肌纤维数量的增加。因此，如果我们在孩子的儿童青少年时期能按照其素质发展敏感期的规律对其进行训练，就能最大限度地发展其身体素质，为孩子今后的体质健康和运动表现提升打下坚实基础。

敏感期又被称作"天窗期"，国内外对其的研究很多。出现敏感期的不同身体素质可训练的最佳时机，也被叫作"训练天窗"（Optimal Windows of Trainability）或"最佳训练能力窗口"。

要注意的是，人的一般生长发育是有规律的，但因为受遗传、营养和运动等因素的影响，个体发育的时间是不同的，因此每个人的敏感期出现的时间也是不同的。早发育和晚发育都会偏离正常年龄发育水平两三岁，也就是说，同龄人的身体发育水平差异可能达到4~6岁！两个实际年龄为10岁的孩子，一个发育年龄可能才7岁，而另外一个可能是13岁！此外，一般认为，同龄的男孩女孩会在8岁开始出现发育差异，最好从这个年龄后就对男孩和女孩进行有区别的、针对性的身体素质训练。

因此，在青春期前的敏感期通常与年龄相关，在青春期开始后，敏感期的划分和青春期男孩女孩的一些生理标志出现的时间点有关，如青春期开始、生长峰值点和月经初潮等。目前，在国内外资料当中被研究证实的，同时较为公认和流行的是运动员长期发展模型（LTAD，Long-Term Athlete Development）。按照LTAD模型，身体素质敏感期（训练天窗）有13个，如下表所示。

身体素质敏感期（训练天窗）年龄区间

运动素质	不同敏感期（训练天窗）的出现时间					
性别	男孩			女孩		
柔韧天窗 （2个）	第一天窗期	第二天窗期		第一天窗期	第二天窗期	
	5~8周岁	12~14周岁		4~7周岁	11~13周岁	
速度天窗 （2个）	第一天窗期	第二天窗期		第一天窗期	第二天窗期	
	7~9周岁	13~16周岁		5~8周岁	11~14周岁	
技术天窗 （2个）	第一天窗期	第二天窗期		第一天窗期	第二天窗期	
	9~12周岁	14~18周岁		7~10周岁	12~16周岁	
协调性天窗 （1个）	天窗期			天窗期		
	12~14周岁			11~13周岁		
力量天窗 （3个阶段）	天窗 第一阶段	天窗 第二阶段	天窗 第三阶段	天窗 第一阶段	天窗 第二阶段	天窗 第三阶段
	12~15周岁	15~20周岁	20~25周岁	10~13周岁	13~18周岁	18~21周岁
	注释：身高突增期后的6~12个月是第一个敏感期，增长速度最快。后期两个阶段增长速度逐渐放缓			注释：身高突增期或月经初潮后是第一个敏感期，增长速度最快。后期两个阶段增长速度逐渐放缓		
耐力天窗 （2个）	12~14周岁	17~22周岁		11~13周岁	16~21周岁	
爆发力天窗 （1个）	16~22周岁			15~21周岁		

4.因材施教，全面发展

　　儿童和青少年体育教育是教育体系中不可或缺的重要部分。相比国外的一些国家多年的系统研究和推广实施，我国的儿童和青少年体育教育整体水平仍有待提高。我们还缺乏多样化的身体素质练习手段，缺乏系统深入的研究支撑和长期发展的详细规划设计，缺乏一大批拥有专业资质和实践经验的教练员。当然，我们的发展是迅速的，近些年无论是在理论体系研究上，还是在实践方法组合上，都取得了喜人的成绩，未来可期。

　　在遵循儿童青少年身体生理发展规律的基础上，我们要因材施教，全面发展。在具体的训练执行和练习方式上，以下几个常见问题是最受家长、教练和老师们关注的，同样也是所有儿童青少年训练一线工作人员必须了解的。

（1）儿童青少年的练习方式是否和成人完全一样？

首先，就人体动作而言，对于已具备自由行走能力的儿童或青少年，其可以完成的大多数练习（如下蹲、跳跃和跑步等）的基本动作模式和成年人是完全一样的。不论是普通人还是运动员，不论是儿童还是老年人，其动作模式和动作方式的本质始终一样。Crossfit 的创始人格拉斯曼（Glassman）曾说过："奥运会运动员和我们的外婆，对于运动的需求只有程度上的差别，没有种类上的差别"。

其次，儿童和青少年的动作模式和成人一样，在某些细节要求上也一样，但是在具体的动作要求和发展目的上，强调的重点不一样。例如，儿童和青少年体能训练更加强调正确动作模式的自动化训练，强调神经肌肉的本体感觉和动作姿势的标准，而不是强调训练负荷和训练强度。

（2）孩子应先练专项还是先练体能？

目前所有的相关研究建议并强调，孩子应该在提升基础运动技能的基础上，再参加竞技性体育运动。专家们就先有合适的身体基础，再去练专项的观点似乎已基本形成了共识。美国著名的儿童体能教育专家斯蒂芬·维尔吉利奥（Stephen Virgilio）博士在其所著的《儿童身体素质提升指导与实践（第2版）》一书中就明确指出并强调，在基础体能和专项技术之间，孩子应该先提升基础运动技能，在强化了骨骼肌肉系统和神经肌肉控制系统之后，再参加竞技性体育运动才是最好的选择。

这个规律以多种形式被应用于日常生活中。当儿童青少年刚开始进行体育锻炼时，篮球、游泳等运动专项对其吸引力也许更大。这些项目的初期学习目标是掌握一些基本技能，同时老师或教练也会教授一些热身练习。但是一旦孩子已经学会某个运动专项的基本技能，并且想要获得技能水平的进一步提升，就必须参加专门和正式的体能训练了。

（3）儿童和青少年是否能进行力量训练？

这个命题的研究在美国已有很长时间，之前有观点认为，孩子的肌肉正处于生长发育阶段，不应该过度使用，而且负重训练的危险系数太高。近二十年来，各大权威机构纷纷发表了有关儿童青少年的健身指导文章，推荐其进行力量训练，这些机构包括：美国儿科学会（AAP）、美国运动医学会（ACSM）、美国运动委员会（ACE）、美国国家体能协会（NSCA）、英国体育与运动科学协会（BASES）和加拿大运动生理学会等。

其中，美国儿科学会声明："适度的力量训练对于青少年的生长发育、骨骼愈合、心脏循环系统没有明显的副作用。"美国运动医学会认为："一般来说，如果儿童做好了参加组织好的体育运动的准备——如一些小型的足球、棒球联赛或者体操比赛——这就表明他们做好了可以进行一些力量训练的准备。"美国国家体能协会则这样表述："青少年的力量训练在以下情况下是安全而有效的：有一个善于制定训练计划的资深教练（或老师）的指导和监控，且青少年自身已掌握了适当的动作技术。"

对于年龄较小的儿童是否可以进行力量练习，国外最新研究认为，幼儿园到六年级的儿童不应执行最大负重练习，然而，哪怕年龄小到只有2岁的儿童，都是可以通过进行阻力练习来增强骨骼发育的。国外的长期研究和实践已证明，科学的力量训练是促进儿童青少年体质健康和运动能力增强的有效方法，有监督、有计划、科学合理的力量训练其实是一种安全有效的训练方式，对孩子肌肉生长发育有诸多益处。力量素质是参与一切体育活动的基础。在日常体育课教学中，合理安排力量训练环节可以逐步提高学生的身体素质和运动能力。因此，本套丛书提供了多种适合学生力量素质发展的练习方法，并针对不同年龄孩子的生长发育情况制定了不同的个性化训练计划，图文并茂，通俗易懂，引导学生科学系统、安全高效地进行力量训练，并为体育教师和体能教练提高孩子的身体素质和专项运动成绩提供了技术支持。

（4）为什么儿童青少年身体训练要关注动作模式？

儿童青少年的身体训练是为了打好身体基础，提升体能水平，且体能水平包含动作、身体素质和运动表现三个维度。动作是其中最本质和最基础的——任何日常身体活动和竞技运动都是由基本身体动作组成的，力量、爆发力、耐力、速度、敏捷、平衡、协调和柔韧等其他身体素质的发展都建立在此基础之上，最终达到实现结合运动专项或者其他功能需求的运动表现的目标。

动作模式就是遵循人体科学运动基本原则，让身体以最佳路径和最佳效率完成动作的过程。动作练习的目的就是建立正确的动作模式，并优化发展为动作技能。好的动作模式可以让你用最小的力和最经济的能量消耗来达到最佳的运动表现。专业运动员为了更好的竞技运动表现，突破既定的运动极限，时刻不断改进自己的技巧，熟练自己的技能，为的就是能在更好的动作模式下提升至最好的成绩。普通人也是如此，如果没有正确的动作模式，就会在运动中事倍功半。但大多数普通人的动作模式并不正确且已经"定型"，只能通过科学的纠正性训练进行矫正，且矫正过程异常复杂而艰难。而这种"最佳"动作模式建立和优化的最佳时期必定是在儿童青少年阶段。

动作模式的练习讲究神经肌肉的本体感觉和协调配合，以及动作姿态的有序控制。例如，在下蹲练习中，一个正确动作模式的下蹲动作需要踝关节、膝关节和髋关节的弯曲角度合理，踝部有足够的灵活性以保证膝关节的位置正确，膝盖有合理的折叠角度以帮助身体更好地利用大腿肌肉，髋部有合适的位置以保证上半身角度合理，同时，还需要躯干和核心配合发力，以及背部肌肉的参与。其他任何动作细节，包括肩膀的位置，头部的角度，甚至是视线，都有可能影响到整个身体联动发力的变化和动作模式的效率。

此外，练习动作模式的另一大功能就是保护身体，预防伤病。人体关节有两个基本特性：灵活性和稳定性，往往以一个为主，另一个为辅，这是人体的"原本设计"，是不可改变的。错误的动作模式会使某一关节的灵活性或稳定性产生变化，并进一步造成上下联动关节的错误代偿。虽然人体具有自我纠正能力，但一旦运动过量或负荷过大，就会产生永久性运动损伤。例如，硬拉练习是一个综合性训练动作，可以锻炼全身上下的多数肌肉，特别是后链肌群。但硬拉练习的训练目标不仅是肌肉，更重要的是动作模式。如果在练习过程中存在腹部用力不够、肩胛肌肉或腰背部肌群参与不够等问题，很容易导致人体脊柱过度屈曲，给脊柱造成额外的压力，使其成为一个错误而危险的动作。

因此，儿童青少年时期的身体训练要重点关注动作模式，以最有效率的动作幅度和最经济的能量消耗来获取最大的运动收益，这也是进行身体训练的黄金法则。

（5）一些高难度、高强度练习是否适合儿童青少年？

斯蒂芬·维尔吉利奥博士曾明确提出建议：10岁以上的孩子应每周至少有5天进行60分钟以上中等强度或更激烈的体育运动。我国的儿童青少年普遍存在运动参与较少的问题，如果突然加大训练量或训练强度，会出现不适应的情况。但只要循序渐进，科学进阶，孩子一样是可以做好很多强度较高、难度较大的训练的。从美国、德国和日本等国家的很多儿童训练视频和教程可以看出，孩子的训练强度和训练质量可以是很高水平的。因此，在保障好基本安全的前提下，遵循科学指导的原则，家长、老师和教练完全不必过度担心。

此外，一些欧美国家的专家认可并建议将基础体能训练（包括力量训练、有氧健身和关节灵活性训练等）融入中小学体育课程，以全面提升孩子们的运动能力，让孩子获得受益终生的训练技术、健康知识、训练态度和生活习惯，以及成年后参与体育运动所需要的知识和信心，并为未来的运动生涯打下基础。

（6）如何保障每一个孩子的训练积极性？

现代儿童和青少年的生活方式与历史上任何时期相比都发生了根本性的变化。不同于过去，现代孩子们大部分时间都在有封闭保护的环境下进行着消极的娱乐活动。要激发孩子的训练兴趣，首先要打破成人"缩小版"的训练模式，取而代之的应该是根据每个不同年龄、体质和特点的孩子定制个性化计划，最大限度地提升孩子对参与训练的兴趣，激发他们的好奇心和挑战心理。

对于每个孩子来说，体育活动都应该是有趣并且愉快的，而不应仅仅是有天赋的孩子才会有这种感觉。体育活动并不一定要有明确的名次目标，我们必须停止将10岁孩子作为年轻版的成人运动员来对待这种做法，而应让他们顺其自然地发展，让孩子们自由地活动、玩耍和娱乐，在运动中展示自我。在设计上，要敢于打破传统的体育教学套路，设计一些孩子喜欢并易接受的创新性体能练习方法，让每一个孩子都能够毫无压力地参与其中，从而摆脱久坐少动、肥胖和营养过剩对身体带来的不利影响，在轻松和欢乐中逐步提升自身的身体素质和运动表现。

在教学方法上，教师在训练的开始阶段要"低估"孩子的运动能力，然后逐步增加动作难度和运动强度，并且始终强调动作的规范性而不追求过度练习，坚持适当的练习永远优于过度训练。此外，教师要多与孩子进行互动，关注孩子的情绪状态，了解他们的想法和感受，多给予孩子鼓励和赞扬。教师还应及时记录训练信息，监督训练成果，让孩子理解和感受训练的益处，享受训练过程，从而激发孩子终身锻炼的兴趣。

一个全面的儿童青少年训练计划的执行过程，应该包含艺术和科学两个方面。科学是为了理解训练的原理和方法，艺术则是为了满足不同需求、目标和能力的训练者，并为其设计安全、高效和有趣的训练计划。对于孩子的训练不用过分讲究"No pain, No gain（无痛则无果）"，训练不仅仅是为了增长肌肉力量和运动表现水平，更是为了让孩子了解自己的身体，保持运动的兴趣，收获更多的快乐。这种快乐是在掌握技能与完成挑战性任务之间的平衡中获得的，孩子只有在训练中获得了知识、技能和信心，并且感受训练所具有的挑战性时，身体训练才是一种有趣的活动。

5.本丛书的对象和受众

本丛书的阅读对象分为四类人群：儿童和青少年的家长；学校体育教师和从事儿童和青少年身体训练相关研究工作的人员；专业从事儿童和青少年体能教育培训的教练或技术人员；相关基层专业队、青少俱乐部队伍的教练。此外，具备一定知识的青少年也可以直接阅读本丛书。

丛书分为两个系列："儿童身体训练动作指导丛书"和"青少年身体训练动作指导丛书"。目标受众是6~15岁的儿童和青少年。按照国内学龄阶段的划分，分为小学和中学两个学历阶段，同时按照九年义务教育的年限，按每三岁一个年龄区间分为3个层级，如下表所示。

儿童和青少年年龄、年级、学龄划分表

层级	年级划分	年龄区间	人群属性	学龄阶段
一	1~3 年级	6~8 周岁	儿童	小学生
二	4~6 年级	9~11 周岁	儿童	小学生
三	7~9 年级	12~14 周岁	少年	初中生

其中，第一层级和第二层级都属于小学阶段，对应的是"儿童身体训练动作指导丛书"，第三层级属于初中阶段，对应的是"青少年身体训练动作指导丛书"。当然，年级、学龄阶段不代表孩子的发育水平和身体运动能力水平，每个年级或年龄阶段都可能有处于不同发展水平的孩子，而且差异会很大。

国内对于儿童与青少年的界限划分以及对应的中英文词汇使用还比较混淆，为此，在查阅和参考相关资料的基础上，丛书在此做一个术语用法的大致介绍，同时明确一下年龄界限划分。美国国家运动医学学会（NASM）认为，青少年（Youth）这个词汇涵盖了一个较大的年龄范围，并且有广泛的含义，比如青年时代的意思，基本包含了儿童和少年阶段。美国疾病控制和预防中心（CDC）则使用儿童（Children）和青春期少年（Adolescent）两个词汇来对两组人群进行区分。通常来讲，刚出生到1周岁之间的小孩被称为婴儿（Infant），1~3

周岁则被称为幼儿（Baby），学龄前儿童（Preschool Children）相当于我们国家的幼儿园阶段，即3~6周岁，儿童（Children）所指的年龄范围为3~12周岁，而青少年（Teenager）所指的年龄范围为12~18周岁。NASM还指出，当涉及运动反馈时，儿童（Children）通常所指的年龄范围为6~12周岁，因为3~5周岁的儿童在分级测试和需要最大极限的运动中不会涉及。

此外，丛书在此要对英文中Kids、Adolescent、Juvenile和Teenager等几个相关词的意思和年龄界限进行一个简要释义。Kids（孩子）多从关系属性上强调相比之下跟自己感情亲近的孩子，更加口语化，而Children（儿童）更多泛指所有孩子，没有感情亲疏之分。Adolescent（青春期少年）这个词有名词和形容词双重属性，强调的是孩子处于青春发育期这个阶段，年龄区间一般是10周岁左右。Juvenile也可以作形容词和名词，指没有发育成熟的青少年。而Teenager是这几个词当中定义和年龄界限最明确的一个，指12~18周岁的青少年。参考下表，你将有一个清晰的了解。

术语年龄界限划分参照表

中文用词	婴儿	幼儿	学龄前儿童	儿童	青少年	青少年（广泛）
英文用词	Infant	Baby	Preschool Children	Children	Teenager	Youth
年龄范围	0~1周岁	1~3周岁	3~6周岁	3~12周岁	12~18周岁	6~18周岁

2019 年 9 月 27 日

前　言

在目前适合国内中小学生的完整的身体训练体系还在摸索和构建的背景下，本丛书期待为广大体育和教育领域的工作者，尤其是中小学体育教师提供针对儿童青少年体能教育的指导策略和教学模式参考，并帮助其设计适合不同发育水平孩子的身体训练课程，从而丰富体育课程内容，达到全面提升儿童和青少年身体素质和健康水平的目的。丛书突出了儿童和青少年训练的针对性、规范性和实效性，丰富了儿童和青少年运动训练的多样化方式，可作为广大体育教师、教练、体能训练师、健身教练和健身爱好者的参考书。

本丛书的内容参考了国内外多部训练相关图书和视频，包括《身体功能训练动作手册》，以及来自美国NASM的YES(Youth Exercise Specialization)教程和美国Gopher公司开发的Achieve儿童运动教程等。教师和教练可以根据孩子的年龄、个体能力和训练年限，选择从入门到高级的训练动作，作为训练计划制定的参考。

"儿童身体训练动作指导丛书"和"青少年身体训练动作指导丛书"的核心目的是动作指导，为了使用方便，同时便于读者找到合适的参考，本丛书按照徒手训练、拉伸训练和各种不同小器械训练的方式进行分类。在维度设置上，本丛书并没有按照训练板块，如热身整理、准备活动、基本动作技能、力量训练、核心训练、拉伸训练、快速伸缩复合训练、速度训练、游戏、瑜伽、有氧心肺、稳定性训练和灵活性训练进行划分，也没有从身体素质，如力量、爆发力、平衡、柔韧、灵敏、速度、心肺耐力和肌肉耐力等维度来设置。但是，丛书在动作体系分类中体现了以上两个维度，同时按照身体部位（如上肢、下肢和躯干等）和身体姿势（如站立姿、半跪姿、仰卧姿和俯卧姿等）等多维度来综合设置。

其中，"儿童身体训练动作指导丛书"针对1~6年级的小学生，年龄区间为6~11周岁，全套包括《儿童身体训练动作手册：徒手训练》《儿童身体训练动作手册：拉伸训练》《儿童身体训练动作手册：弹力带训练》《儿童身体训练动作手册：瑞士球与迷你带训练》《儿童身体训练动作手册：哑铃与壶铃训练》《儿童身体训练动作手册：药球与BOSU球训练》《儿童身体训练动作手册：栏架、平衡垫、泡沫轴与按摩棒训练》。

"青少年身体训练动作指导丛书"针对初中生，年龄区间为12~14周岁，全套包括《青少年身体训练动作手册：徒手训练》《青少年身体训练动作手册：拉伸训练》《青少年身体训练动作手册：弹力带训练》《青少年身体训练动作手册：哑铃训练》《青少年身体训练动作手册：瑞士球训练》《青少年身体训练动作手册：药球与壶铃训练》《青少年身体训练动作手册：BOSU球与迷你带训练》《青少年身体训练动作手册：栏架、泡沫轴与按摩棒训练》。

每本书均由三部分构成：第一部分介绍训练所用小器械的基础知识、主要训练优势，以及主要涉及的训练板块，如BOSU球主要用于平衡稳定练习，哑铃主要用于力量练习，栏架多用于灵敏练习和快速伸缩复合训练；第二部分是动作的详细板块，按照训练板块、身体部位、身体姿势和素质类别等，从多个维度和层面将动作进行了细致划分，以图文结合的形式详细介绍每一个具体的动作练习，说明动作步骤、动作要点和注意事项，且部分动作有对应的参考视频，读者可以通过扫描二维码进行查看；第三部分是训练计划示例，提供了若干个参考性训练计划。训练计划针对不同目的、不同水平儿童青少年设计，当然，书中所列的计划只是一个简要参考，读者可以根据需求或训练对象的具体情况设计更加多样化和个性化的训练计划，实现高质量体育教学的目标。

本丛书根据不同年龄段儿童和青少年的生理、心理和营养等发展特征，并参考目前国外流行的LTAD模型，确定适用于不同年龄段的体能训练动作和活动方式，比如《儿童身体训练动作手册：徒手训练》中，就涵盖了儿童肌肉力量和耐力、协调性、速度、灵敏反应、柔韧性和能量代谢练习等多个素质类别，同时还提供多种动作模式练习、双人配合练习、爬行练习和儿童瑜伽等丰富多彩的实践内容，帮助他们提升运动表现，加强团队合作，并享受运动带来的健康和乐趣。

这套丛书联合体育训练和学校体育行业的国内外专家，参考国际最新的儿童和青少年训练体系和领域研究成果，以简洁实用的动作练习和丰富实用的训练计划来呈现，拟搭建6~15周岁范围内，中、小学的两段课程体系，构建中小学身体训练课程及儿童和青少年体质健康解决方案，帮助施教者提供更安全、更科学、更具趣味性的体育教学，促进儿童和青少年更积极地参与体育活动，更轻松易行地掌握基本运动技能，更科学合理地全面提高身体素质。

动作视频在线观看说明

为了帮助青少年快速掌握动作技术，科学进行锻炼，本书提供了大部分动作练习的演示视频，具体可通过以下步骤在线观看。

步骤1 打开微信"扫一扫"（图1）。

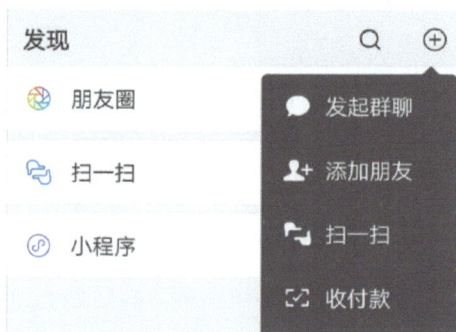

图1

步骤2 扫描动作练习页面上的二维码（图2和图3）。

图2

图3

步骤3 如果您尚未关注微信公众号"人邮体育"，扫描后会出现"人邮体育"的二维码（图4）。请根据说明关注"人邮体育"（图5），并在关注后点击"资源详情"（图6），即可进入动作视频观看页面（图7）。如果您已关注微信公众号"人邮体育"，扫描后可直接进入动作视频观看页面。

图 4

图 5

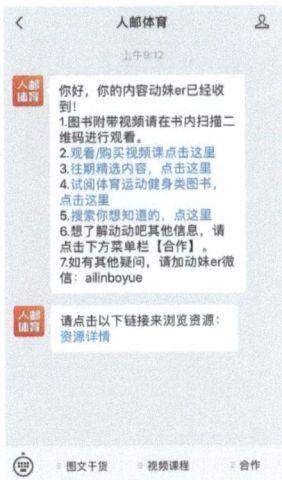

图 6

图 7

特殊说明：

1. 全书共提供了68个动作视频，且每个动作视频对应一个二维码。

2. 考虑到部分动作练习的单次演示时间较短和动作难度较大的情况，同时为了达到更好的指导效果，动作视频将重复演示动作练习若干次。此外，为了更好地展示动作细节，部分动作视频将从不同角度或书中演示侧的对侧演示动作练习并重复若干次。

目录

CONTENTS

CHAPTER 03 第3章

动作练习

CHAPTER 04 第4章

训练计划

CHAPTER 01 第1章

栏架的基础知识与训练应用

栏架在体能训练领域使用广泛，且具有价格低廉、使用方便等优点。近几年，栏架在青少年体能训练中越来越受到重视。但青少年练习者仍须了解栏架训练的一些注意事项，最好是在有家长、老师、教练或同伴从旁保护的情况下进行训练。

1.1　栏架训练可发展的身体素质

用栏架进行快速伸缩复合训练是一项可以综合发展爆发力和灵敏性的训练方式。

灵敏性

灵敏性是指人体对外界刺激判读、反应和处置的能力，在运动中表现为不同动作之间的转换能力和迅速、协调地调整身体活动的能力。在乒乓球、羽毛球等对抗性的体育项目中，灵敏性是一项非常重要的身体素质。良好的灵敏素质不但可以使青少年在运动中更快、更准确地完成技术动作，还可以保障其已有的各项身体素质在运动中高效地发挥出来。青少年阶段是灵敏素质发展的关键时期，应在此时抓住机会，充分挖掘潜力，这将对青少年以后身体素质的全面发展起到关键作用。青少年的灵敏性训练方法主要有两类，一类是训练练习者在收到各种信号后迅速做出反应并完成动作的能力，一类是训练练习者在跑、跳等运动中快速变向和变速的能力。在所有的器材设备中，栏架和绳梯等器材都可以通过专门的训练安排，达到相应的提升灵敏性的练习效果。

爆发力

爆发力是指人体用最短的时间产生最大的速度或以最快的速度完成动作的能力。它是一项结合力量和速度的重要的身体素质，可以反映神经肌肉间的协调性以及肌肉间协同发力的能力。不论是在短跑、跳远这些田径类项目中，还是在篮球、足球等球类运动中，爆发力对运动表现的影响都是至关重要的。爆发力强意味着青少年可以在尽可能短的时间内克服一定的阻力，这对其运动水平的提升会有很大的帮助。发展爆发力的方法有多种，但结合青少年的特点，训练方式要有一定的特殊性和针对性，需要选取一些相对安全且有效的方法来发展爆发力。例如，负重训练可能由于错误的负荷对身体造成伤害，而跳跃练习既可有效提高下肢力量和爆发力，又可提高身体的协调性，是青少年发展爆发力的重要方式。

1.2 快速伸缩复合训练

快速伸缩复合训练（Plyometrics）是指能够使肌肉在最短时间内发挥出最大力量的练习，它不仅能够有效提升速度和力量水平，也是培养灵敏性和爆发力的重要手段。

快速伸缩复合训练的目的和作用

快速伸缩复合训练的重点是学习如何让肌肉从伸展快速或"爆发性"地变为收缩。这种训练多用于运动员提高成绩，尤其是武术运动员、短跑运动员和跳高运动员。它主要利用肌肉和肌腱的弹性势能以及牵张反射，通过预先拉长肌肉、反向运动、助力运动等方式，使肢体实现更加快速、有力的向心运动。想要完成动作并发挥竞技水平，相关肌肉必须充分工作并达到一定的发力速度，这种力与速度可以代表肌肉的输出功率，有效的快速伸缩复合训练将对肌肉发力和功率输出起到促进作用。快速伸缩复合训练是专项运动发展的基础训练，其通过提高产生力的速度来增强爆发力；通过提高储存和释放弹性势能来增强反应力量；通过增强关节和身体各部位连接处的力量，减小能量泄露并加强力的传递效果。这些身体素质的提升将为专项运动能力的发展提供保障。此外，适宜的快速伸缩复合训练可以提高肌肉在一定负荷内的拉伸能力，从而有效提高反应速度和快速变向能力，并减少运动时能量的消耗，以有效预防损伤，促进身体素质的全面发展。

快速伸缩复合训练的类型

按照练习的身体部位进行划分，快速伸缩复合训练可分为上肢练习、下肢练习和躯干练习。下肢的快速伸缩复合训练是最普遍的，几乎适用于所有的运动项目，本书中介绍的关于栏架的练习动作多数属于下肢练习。快速伸缩复合训练的下肢练习可以分为双脚跳、交换跳和单脚跳三种基本跳跃方式。双脚跳相对比较简单，要求双脚落地支撑。与单脚落地相比，双脚的接触面积大，因此，双脚跳是一种承受地面反作用力冲击最小的练习。交换跳要求两条腿交替落地支撑并随后蹬地起跳，其训练强度比双脚跳大。单脚跳训练强度最大，落地支撑时反作用力始终集中在一条腿上。这三种跳跃方式是从稳定站立逐渐过渡到不稳定站立的过程，训练难度从低到高。在跳跃方向上，可以分为纵向、横向和旋转三种，难易程度也是逐渐递增的。

为逐步增加机体适应性，在跳跃方式上也分为三种方式，即无反向式、有反向式和双接触式。无反向式练习的要点是在收缩环节之前肌肉无拉长过

程。例如，在静态下蹲起跳动作中，练习者要先屈髋、屈膝90度做好下蹲的准备姿势，然后起跳，在起跳过程中主动肌没有离心过程。这样在完成动作的过程中既没有用到储存的弹性势能，也没有刺激到牵张反射来提高肌肉的收缩力，完全依靠下肢的力量和爆发力完成动作。与无反向式相反，有反向式练习的要点是在收缩环节之前肌肉有拉长过程。例如，在从站立姿迅速下蹲起跳动作中，练习者要先进行一个快速下蹲的离心动作，然后迅速起跳进入向心收缩。下蹲阶段使练习者在肌腱中储存了弹性势能，并刺激了牵张反射，从而增强了弹跳的爆发力。双接触式练习的要点是在拉长环节之后有一次地面接触，然后再迅速进入收缩环节。例如，在垫步跳动作中，储存的弹性势能和牵张反射会使肌肉牵拉更为有效，从而加快离心阶段的收缩，以使跳跃更为有力。

　　青少年在开始接触快速伸缩复合训练时，首先应学习双脚跳，其重点是学习落地。练习者应用手臂和髋部同时发力，并轻轻落地，落地越轻越好。必须学会用肌肉而不是只用关节去缓冲力量。练习双脚跳的目标是发展落地所必需的稳定性和离心力量。然后练习者要学习跳过挑战性相对大一点的障碍物，一般为15~50厘米高的栏架。栏架的选择具体取决于跳跃的类型和练习者的技能水平。跳过障碍物的动作大大增加了施加在肌肉和肌腱上的离心负荷。因此，进行快速伸缩复合训练的青少年应具备适当的腿部力量基础。用栏架进行快速伸缩复合训练是一项可以综合发展爆发力和灵敏性的训练方式，后面将对栏架训练进行详细讲解。

1.3　栏架训练基础知识

栏架训练的优势

栏架训练是下肢爆发力提升非常重要的练习方法之一。栏架训练具有经济实用、组合形式多样及趣味性足等特点，在灵敏训练中也被广泛应用。利用由栏架构成的障碍体系能够训练练习者快速移动和变向的能力，从而使练习者能够在运动时快速做出反应及相应动作。

栏架训练可以通过不同的排列、组合形式及训练时腿部动作的变化，来训练练习者在二维平面内的变向能力及在三维空间内快速移动的能力。练习者可以根据自身需求改变栏架的组合形式来控制整个训练的难易程度，这些训练既可以用双脚跳、单脚跳来完成，也可以用快速步伐来完成，最终都可以提高练习者在向各个方向快速转换、移动的灵敏能力。但在使用栏架进行快速伸缩复合训练时，不要因为栏架的外形轻巧便对训练的安全性掉以轻心。在进行一些跳跃性练习时，尤其是在使用较高的栏架的情况下，教练员要特别注意对练习者训练负荷的控制和对训练技术的指导，避免练习者在训练中出现运动损伤。

许多精英运动员都会选择使用栏架训练来提高肌肉力量和跳跃能力，从而提高爆发力。但是我们要强调的是，通过调整栏架的高度、数量及组合方式，使用栏架进行快速伸缩复合训练的强度和难度都是可以被很好控制的，这就意味着教练员可以通过不同的设置，为不同水平的练习者提供训练。因此，具有一定运动水平的青少年在教练的指导下也可以进行栏架训练，同时，栏架训练形式的多样性和趣味性也会对青少年具有很大的吸引力。

青少年栏架训练注意事项

● 由于身体在训练过程中需要产生较大的力量，栏架训练的受伤风险可能会高于其他训练，因此，青少年应该在家长或教练员的监督下进行练习。在开始栏架训练之前，青少年的身体力量、灵活性和本体感觉应该达到良好的水平。

● 进行栏架训练时，要确保拥有足够大的场地，地面要干净、整洁、防滑。注意练习时不要恶作剧，以免给同伴带来伤害。一旦有运动损伤发生，要及时处理或寻求专业帮助。

● 青少年练习者的训练服装不要太过宽松，鞋子不要太厚和太重，尽量选择较轻的运动鞋，以方便跳跃。

● 良好的快速伸缩复合训练应是较为安静的。不能安静地落地表明青少年缺乏离心力量，该练习也并不适合他。此时可能要做的就是降低所用障碍物的高度。应该让青少年选择他们能够正常落地的栏架。一般情况下，青少年的体形越大，所选择的栏架会相对越高。

● 青少年应在体力较好时进行该训练，练习强度要大，但每次持续时间不宜过长，重复次数也不宜太多，间歇时间要充分，以不产生疲劳为限度。

● 训练要以渐进的方式进行，并且要基于个人能力去确定进度，而不是按照预定的时间表进行。

CHAPTER 02

第2章

泡沫轴和按摩棒的基础知识与训练应用

　　泡沫轴和按摩棒如今在健身和运动康复领域应用非常广泛，在青少年身体素质提升锻炼中也具有独特的运用优势。了解泡沫轴和按摩棒的种类、工作原理、训练优势及注意事项等，能够帮助锻炼者更科学、高效地进行训练。

2.1　泡沫轴简介

（1）什么是泡沫轴

泡沫轴又名瑜伽柱，呈圆柱形，种类繁多，内部有空心的，也有实心的，部分泡沫轴里面还有一个震动马达，可以提供更为强烈的刺激，达到更好的放松效果。泡沫轴大部分都是由高纯度的EVA材料制成，重量轻，有弹性，有较好的缓冲作用。可以把泡沫轴放在身体不同的位置，利用体重对想放松的部位施加压力，以达到放松的效果。泡沫轴滚动不仅可以放松股四头肌、腘绳肌、腓肠肌等腿部肌肉，还可以放松背部、腰部和肩部的肌肉。在身体感觉紧张的区域滚动，可以帮助筋膜释放累积的张力，重建肌肉组织的完整性和最佳性能。

（2）泡沫轴的分类及选择

泡沫轴按照材质的密度可以分为低密度泡沫轴和高密度泡沫轴。低密度泡沫轴质量较轻，相对较柔软，多用于缓解运动初期的肌肉不适以及进行平衡训练。高密度泡沫轴质地较为坚硬，在放松时的滚动感较强，可以更强烈、更集中地刺激肌肉及更深层的筋膜。

2.2　按摩棒简介

（1）什么是按摩棒

按摩棒是以富有弹性的塑胶材料作为中棒，再套上滚动套环制成的。它借由中棒，使套环在身体的各部位肌肉做深层以及较大范围的按压滚动而不会伤害到筋膜和肌肉，前后滚动20次左右就可以使深层肌肉升温，加速血液循环，帮助消除乳酸，从而达到缓解疲劳和疼痛的效果。

（2）按摩棒的分类及选择

按摩棒按照长度可分为短轴形和长轴形。短轴形便于携带、易于操作，而长轴形作用范围更大，手感更强，使用方便。

按摩棒按照外表形状可分为光滑套环形和凸点狼牙棒形。光滑套环形按摩棒的套环表面比较光滑，它相对常见，使用范围广。凸点狼牙棒形按摩棒的套环表面有明显的凹凸不平或如波浪状的凸起或颗粒，是专门为"挖掘"肌肉的痛点而设计的。凸点狼牙棒形按摩棒表面的颗粒和凸起能起到集中刺激拥有多个痛点的区域并快速地放松痛点的作用。对长期坐在书桌前的青少年来说，肩颈部肌肉可能会出现紧绷、酸痛的状况，在此区域使用凸点狼牙棒形的按摩棒进行放松可有效缓解肌肉僵硬和酸痛。

2.3   泡沫轴和按摩棒的工作原理

使用泡沫轴和按摩棒来进行放松时，放松的主要对象其实是肌筋膜。筋膜是连接各个肌肉的薄组织，它帮助肌群作为一个整体协同工作。健康状态下的筋膜是灵活而柔软的，并可在肌肉间顺畅地滑动。但由于各种原因如肌肉损伤、缺乏活动、疾病、炎症或创伤等，筋膜会形成粘连。即便只是整天坐在桌前也会使筋膜"粘起来"而导致肌肉僵硬。

在运动之前和运动之后都可以使用泡沫轴和按摩棒进行放松。运动前滚压会增加组织的弹性和运动范围，并加速血液循环。这可以使运动时人体的动作更加轻松流畅，保护肌肉组织免受伤害。而运动后滚压可有效促进血液循环和恢复，加速身体内乳酸的代谢和排出。在运动后进行滚动放松时，尽量把注意力集中在刚刚锻炼过的主要肌肉上，特别是那些感觉到紧张有问题的部位。通过促进受滚压区域的血液流动，被运送到酸痛区域的肌纤维的氧气将会极大地增加，从而加速身体恢复。事实上，许多顶尖运动员都因为这个原因会定期接受按摩。虽然使用泡沫轴或按摩棒滚压不能完全达到按摩的功效，但是好处就在于，你不需要按摩师，只需要一件设备，便可随时随地进行效果良好的放松活动。

当进行动作重复性强的运动如跑步、游泳或骑自行车时，一些肌肉往往会被过度使用，而另一些肌肉却得不到充分的利用。过度使用的肌肉会变得紧绷，而紧绷的肌肉无法正常工作。当使用泡沫轴和按摩棒放松时，紧绷的区域将会被"重置"，这有助于改善肌肉功能的对称性。每次锻炼前后花几分钟进行泡沫轴或按摩棒放松，可以帮助预防或改善肌肉发展不平衡和过度使用造成的损伤。

2.4 泡沫轴和按摩棒在青少年身体素质提升锻炼中的运用优势

泡沫轴和按摩棒在青少年身体素质训练中应用广泛，且有众多优势。

（1）成本低，便于携带

泡沫轴和按摩棒造价较低，一般学校和家庭都有条件配备，而且其体积小，方便随身携带，不受场地空间和时间的制约，随时随地可以进行使用。

（2）使用过程简单方便

泡沫轴和按摩棒可以在训练前滚压放松特定肌群，也可以在训练结束后用来帮助排出堆积在肌肉中的乳酸，甚至可应用在某些运动损伤后的恢复训练中。不需要特别复杂的操作，有针对性地滚压酸痛部位即可。

（3）使用相对安全

使用泡沫轴时一般利用自身体重作为压力。与其他专业、复杂的康复仪器相比，泡沫轴会更加易于控制、更加安全，不用担心可能会因器材的操作不当而造成损伤。由于泡沫轴和按摩棒主要通过滚动以及改变动作姿势或力度来控制压力，因此可以避免在放松过程中因为姿势不当等原因造成的伤害。但也应该注意，当出现强烈不适感时，需要立即停止练习。

（4）缓解肌肉僵硬

青少年由于课业原因需长时间坐在书桌前，因而可能会感到肌肉僵硬和疼痛。此时，他们的坐姿是一种不自然的姿势，会迫使肌肉和关节收缩和收紧。保持这种收缩姿势的时间越长，筋膜组织和肌肉就会变得越紧张和僵硬。泡沫轴和按摩棒滚压有助于放松僵硬的肌肉，使它们回到自然的位置，缓解筋膜内紧张的痛点。

（5）提高睡眠质量

人体长期处于精神压力大的状态通常也会对身体器官造成负面影响。例如，对于那些对学业、人际关系或日常生活感到压力的孩子来说，这种压力常常会反应在他们的颈部和部，随之而来的便是身体的酸痛和不适，并且睡眠质量下降。睡前使用泡沫轴或按摩棒进行滚压，可以放松肌肉和筋膜，提高青少年的睡眠质量。

（6）改善不良体姿

不良的姿势不仅会影响青少年的外表形象，长此以往还会导致很多身体慢性疼痛。不良姿势可能由多种原因造成。对一些人来说，这可能是一个由脊柱疾病引起的更复杂的问题。但对另一些人来说，这可能只是因为懒散的坏习惯或缺乏支撑身体直立的核心力量，使部分肌肉长期过于紧张而导致的身体姿态改变——这可以通过定期的泡沫轴或按摩棒滚压来帮助解决。滚压放松可以帮助青少年伸展开前缩的肩膀，挺直背部，平衡不对称的肌肉，增强核心肌肉，避免不必要的脊柱压力。

2.5 泡沫轴和按摩棒放松的注意事项

使用泡沫轴和按摩棒时需要注意以下几个方面。

● 泡沫轴和按摩棒训练是以滚动方式进行的，在滚动过程中如果发现痛点（又称为激发点或扳机点），那就是我们需要重点按压的地方。不要直接开始或长时间按压同一痛点。如果你发现一个痛点，需要在痛点的周围花一定的时间进行滚压，然后，在异常疼痛的点停留一段时间，直至酸痛程度下降，这样便可有效减轻此处的疼痛。

● 来回滚动速度不可过快。虽然快速前后滚压泡沫轴可能感觉很好，但这并不能消除任何粘连。你需要给大脑足够的时间来告诉肌肉放松。慢慢地进行，让浅层的筋膜及肌肉有时间来适应。当发现张力较大的局部区域时，可采用短距离前后移动的方式缓慢来回滚动，也可在疼痛敏感处持续按压20秒左右。

● 越痛越有效果的观点是错误的，因为过度疼痛会引发肌肉保护性收缩，反而降低效果。而且在某个部位上持续加压，可能会触压到神经或损坏软组织，最后可能导致局部皮肤淤青。

● 量力而行，按摩部位有压迫感或轻微疼痛感即可，可以用双手和一侧下肢做支撑，从而减轻接触面的压力，不必把全身重量都压在泡沫轴上。

● 每个部位放松1~2分钟，每次滚压30秒后可稍做休息。

● 动作的过程中保持正常呼吸，不要憋气，在有较强烈的疼痛感时进行深呼吸。

● 选择和身体合适的接触面积。如果器械与身体接触面积较小，单位面积压力就会很大。对于神经比较敏感的青少年来说，他们会感觉承受不了，从而主动减小按摩压力。这种情况下使用泡沫轴或按摩棒按压深层肌肉的效果就会大大降低。

CHAPTER 03

动作练习

青少年锻炼者可利用栏架、泡沫轴和按摩棒对不同身体部位进行不同功能的锻炼。明确每个动作练习的训练部位和训练目标，掌握动作要点和注意事项，是青少年锻炼者获得理想锻炼效果的基础和保障。

栏架篇

3.1 双脚跳

3.1.1 纵向

栏架 - 双脚跳 - 纵向 - 无反向

训练部位	**下肢**
主要肌肉	**臀大肌、股四头肌、腘绳肌、腓肠肌、胫骨前肌、踝部肌群**
训练板块	**快速伸缩复合训练、爆发力、动作技能**
训练目标	**爆发力、协调、稳定**

动作要点

1 屈髋屈膝面向栏架站立，双脚分开约与肩同宽，躯干前倾，双臂位于体侧，背部挺直。

2 双臂快速上摆，以手臂带动身体快速伸髋伸膝，双脚蹬离地面，向前跳过栏架。

3
4 落地时，屈髋屈膝缓冲地面的反作用力，同时双臂下摆至体侧。保持落地姿势1~2秒，然后身体恢复直立。

栏架篇

泡沫轴篇

按摩棒篇

栏架 - 双脚跳 - 纵向 - 有反向

训练部位　　下肢

主要肌肉　　臀大肌、股四头肌、腘绳肌、腓肠肌、胫骨前肌、踝部肌群

训练板块　　快速伸缩复合训练、爆发力、动作技能

训练目标　　爆发力、协调、稳定

栏架篇

泡沫轴篇

按摩棒篇

动作要点

1 身体直立面向栏架站立，双脚分开约与肩同宽，双臂举过头顶。

2 屈髋屈膝快速下蹲，双臂快速下摆至体侧。然后，双臂快速上摆，下肢快速伸髋伸膝，双脚蹬离地面，向前跳过栏架。

3 落地时，屈髋屈膝缓冲地面的反作用力，同时双臂下摆至体侧。保持落地

4 姿势1~2秒，然后身体恢复直立。

3

4

栏架 - 双脚跳 - 纵向 - 双接触

训练部位　下肢

主要肌肉　臀大肌、股四头肌、腘绳肌、腓肠肌、胫骨前肌、踝部肌群

训练板块　快速伸缩复合训练、爆发力、动作技能

训练目标　爆发力、协调、稳定

辅助器械　跳箱

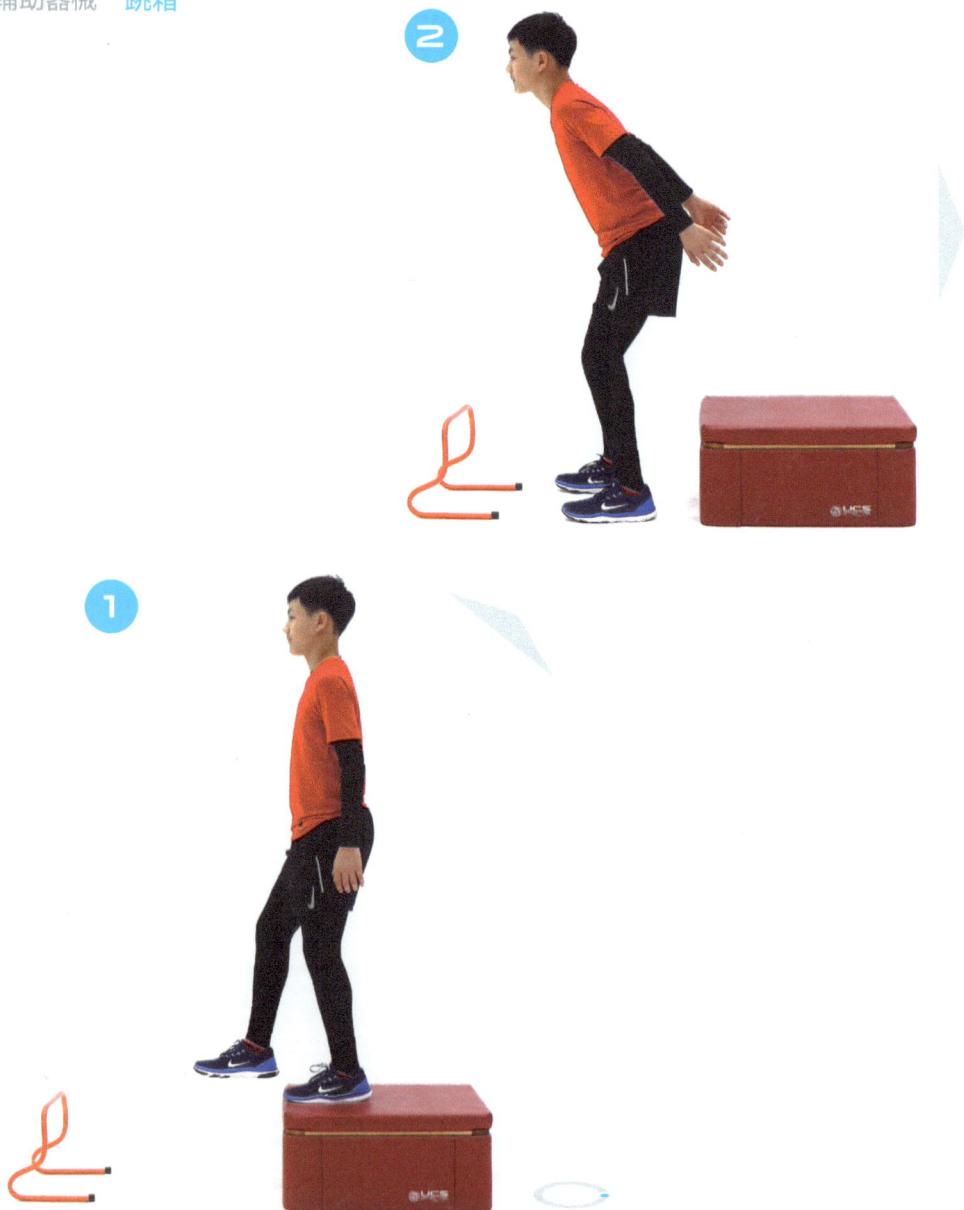

3

4

动作要点

1 并排间隔放置跳箱与栏架，单腿直立面向栏架站于跳箱边缘，另一侧腿悬空，双臂自然下垂于体侧。

2 身体前倾，悬空的腿向前迈出，使身体自然下落于跳箱与栏架之间，双脚同时着地，屈髋屈膝同时双臂下摆至体侧。

3 双臂快速上摆，下肢快速伸髋伸膝，双脚蹬离地面，向前跳过栏架。

4 落地时，屈髋屈膝缓冲地面的反作用力，同时双臂下摆至体侧。保持落地姿势1~2秒，然后身体恢复直立。

3.1.2　横向

栏架 - 双脚跳 - 横向 - 无反向

训练部位	下肢
主要肌肉	臀大肌、股四头肌、腘绳肌、腓肠肌、胫骨前肌、踝部肌群
训练板块	快速伸缩复合训练、爆发力、动作技能
训练目标	爆发力、协调、稳定

动作要点

1　屈髋屈膝侧向栏架站立，双脚分开约与肩同宽，躯干前倾，双臂位于体侧，背部挺直。

2　双臂快速上摆，以手臂带动身体快速伸髋伸膝，双脚蹬离地面，侧向跳过栏架。

3　落地时，屈髋屈膝缓冲地面的反作用力，同时双臂下摆至体侧。

4　保持落地姿势1~2秒，然后身体恢复直立。

栏架 - 双脚跳 - 横向 - 有反向

训练部位	下肢
主要肌肉	臀大肌、股四头肌、腘绳肌、腓肠肌、胫骨前肌、踝部肌群
训练板块	快速伸缩复合训练、爆发力、动作技能
训练目标	爆发力、协调、稳定

双臂举过头顶

动作要点

1 身体直立侧向栏架站立，双脚分开约与肩同宽，双臂举过头顶。

2 屈髋屈膝快速下蹲，双臂快速下摆至体侧。然后，双臂快速上摆，下肢快速伸髋伸膝，双脚蹬离地面，侧向跳过栏架。

3
4 落地时，屈髋屈膝缓冲地面的反作用力，同时双臂下摆至体侧。保持落地姿势1~2秒，然后身体恢复直立。

栏架篇

泡沫轴篇

按摩棒篇

栏架 - 双脚跳 - 横向 - 双接触

训练部位　　下肢

主要肌肉　　臀大肌、股四头肌、腘绳肌、腓肠肌、胫骨前肌、踝部肌群

训练板块　　快速伸缩复合训练、爆发力、动作技能

训练目标　　爆发力、协调、稳定

辅助器械　　跳箱

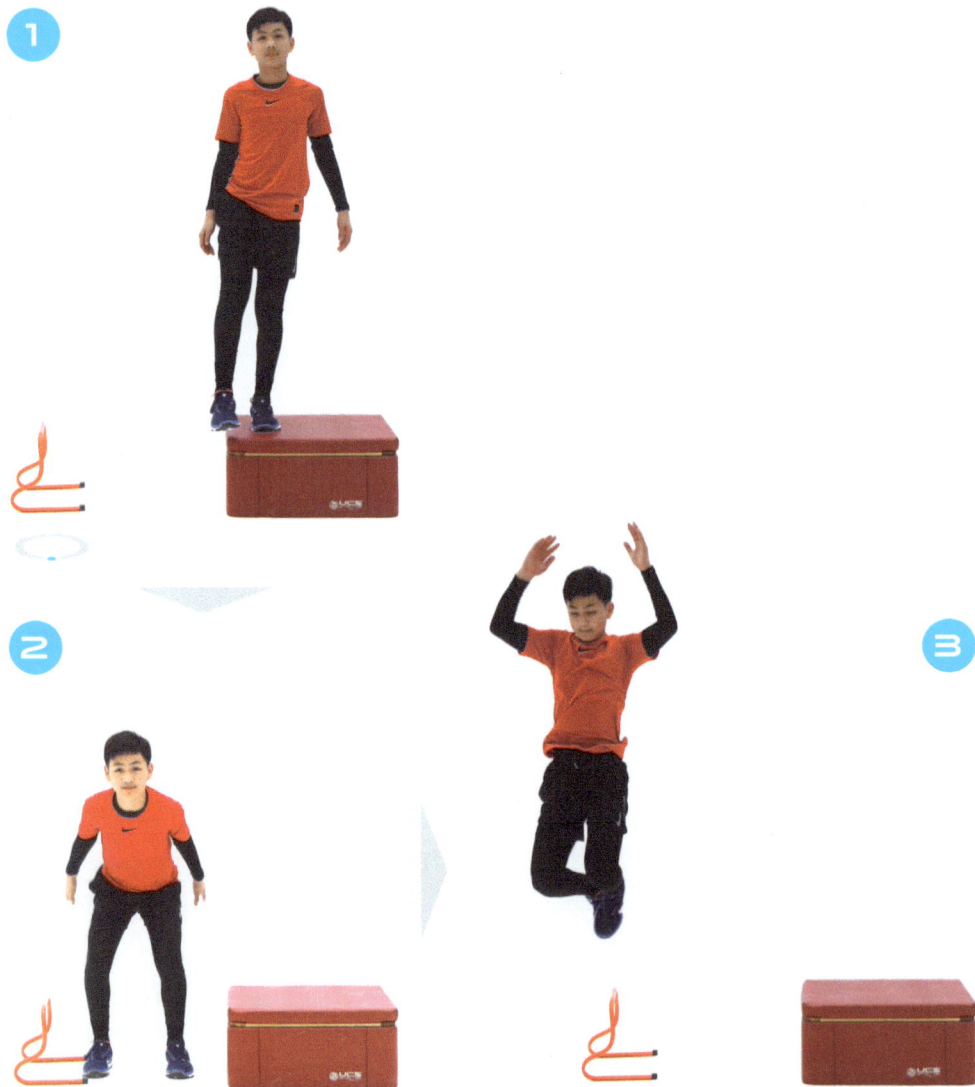

动作要点

1 并排间隔放置跳箱与栏架，单腿直立侧向栏架站于跳箱边缘，另一侧腿悬空，双臂自然下垂于体侧。

2 悬空的腿侧向迈出，使身体自然下落于跳箱与栏架之间，双脚同时着地，屈髋屈膝同时双臂下摆至体侧。

3 双臂快速上摆，下肢快速伸髋伸膝，双脚蹬离地面，侧向跳过栏架。

4 **5** 落地时，屈髋屈膝缓冲地面的反作用力，同时双臂下摆至体侧。保持落地姿势1~2秒，然后身体恢复直立。

栏架篇

泡沫轴篇

按摩棒篇

5

4

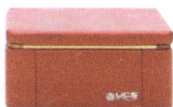

3.1.3　旋转

栏架 - 双脚跳 - 旋转 - 无反向 -90度

训练部位　下肢

主要肌肉　臀大肌、股四头肌、腘绳肌、腓肠肌、胫骨前肌、踝部肌群

训练板块　快速伸缩复合训练、爆发力、动作技能

训练目标　爆发力、协调、稳定

动作要点

1　屈髋屈膝侧向栏架站立，双脚分开约与肩同宽，躯干前倾，双臂位于体侧，背部挺直。

2　双臂快速上摆，以手臂带动身体快速伸髋伸膝，双脚蹬离地面，身体逆时针旋转90度跳过栏架。

3　落地时，屈髋屈膝缓冲地面的反作用力，同时双臂下摆至体侧。保持落地姿势1~2秒，然后

4　身体恢复直立。

栏架 - 双脚跳 - 旋转 - 有反向 -90度

训练部位　　**下肢**

主要肌肉　　**臀大肌、股四头肌、腘绳肌、腓肠肌、胫骨前肌、踝部肌群**

训练板块　　**快速伸缩复合训练、爆发力、动作技能**

训练目标　　**爆发力、协调、稳定**

栏架篇

泡沫轴篇

按摩棒篇

动作要点

1 身体直立侧向栏架站立，双脚分开约与肩同宽，双臂举过头顶。

2 屈髋屈膝快速下蹲，双臂快速下摆至体侧。然后，双臂快速上摆，下肢快速伸髋伸膝，双脚蹬离地面，身体逆时针旋转90度跳过栏架。

3
4 落地时，屈髋屈膝缓冲地面的反作用力，同时双臂下摆至体侧。保持落地姿势1~2秒，然后身体恢复直立。

栏架 - 双脚跳 - 旋转 - 双接触 -90度

训练部位　下肢

主要肌肉　臀大肌、股四头肌、腘绳肌、腓肠肌、胫骨前肌、踝部肌群

训练板块　快速伸缩复合训练、爆发力、动作技能

训练目标　爆发力、协调、稳定

动作要点

1 并排间隔放置跳箱与栏架，单腿直立侧向栏架站于跳箱边缘，另一侧腿悬空，双臂自然下垂于体侧。

2 悬空的腿侧向迈出，使身体自然下落于跳箱与栏架之间，双脚同时着地，屈髋屈膝同时双臂下摆至体侧。

3 双臂快速上摆，下肢快速伸髋伸膝，双脚蹬离地面，身体顺时针旋转90度跳过栏架。

4 落地时，屈髋屈膝缓冲地面的反作用力，同时双臂下摆至体侧。保持落地姿势1~2秒，然后身体恢复直立。

5

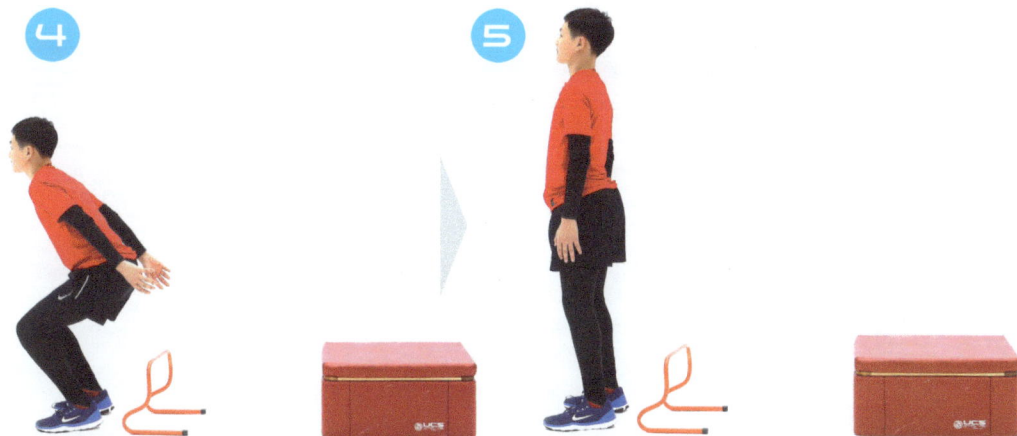

3.2 单脚跳

3.2.1 纵向

栏架 - 单脚跳 - 纵向 - 无反向

训练部位　下肢

主要肌肉　臀部肌群、股四头肌、腘绳肌、
腓肠肌、胫骨前肌、踝部肌群

训练板块　快速伸缩复合训练、爆发力、动
作技能

训练目标　爆发力、协调、平衡

动作要点

1　屈髋屈膝单腿面向栏架站立，躯干前
倾，双臂位于体侧，背部挺直。

2　双臂快速上摆，以手臂带动身体快速
伸髋伸膝，起跳脚蹬离地面，向前跳
过栏架。

3　起跳脚单脚落地，同时，屈髋屈膝，
双臂下摆。保持落地姿势1~2秒，然
后双脚站立，身体恢复直立。

栏架 - 单脚跳 - 纵向 - 有反向

训练部位	下肢
主要肌肉	臀部肌群、股四头肌、腘绳肌、腓肠肌、胫骨前肌、踝部肌群
训练板块	快速伸缩复合训练、爆发力、动作技能
训练目标	爆发力、协调、平衡

动作要点

1 身体直立面向栏架单脚站立，双臂举过头顶。

2 屈髋屈膝快速下蹲，双臂快速下摆至体侧。然后，双臂快速上摆，下肢快速伸髋伸膝，起跳脚蹬离地面，向前跳过栏架。

3 起跳脚单脚落地，同时，屈髋屈膝，双臂下摆。保持落地姿势1~2秒，然后双脚站立，身体恢复直立。

栏架篇

泡沫轴篇

按摩棒篇

栏架 - 单脚跳 - 纵向 - 双接触

训练部位	下肢
主要肌肉	臀部肌群、股四头肌、腘绳肌、腓肠肌、胫骨前肌、踝部肌群
训练板块	快速伸缩复合训练、爆发力、动作技能
训练目标	爆发力、协调、平衡
辅助器械	跳箱

1

2

动作要点

1 并排间隔放置跳箱与栏架，单腿直立站于跳箱边缘，另一侧腿悬空，面朝栏架，双臂自然下垂于体侧。

2 身体前倾，悬空的腿向前迈出，使身体自然下落于跳箱与栏架之间，下落时，单脚着地，屈髋屈膝同时双臂下摆至体侧。

3 双臂快速上摆，下肢快速伸髋伸膝，起跳脚蹬离地面，向前跳过栏架。

4 起跳脚单脚落地，同时，屈髋屈膝，双臂下摆。保持落地姿势1~2秒，然后双脚站立，身体恢复直立。

栏架篇

泡沫轴篇

按摩棒篇

3.2.2 横向

栏架 - 单脚跳 - 横向 - 向内 - 无反向

训练部位　下肢

主要肌肉　臀部肌群、股四头肌、腘绳肌、腓肠肌、胫骨前肌、踝部肌群

训练板块　快速伸缩复合训练、爆发力、动作技能

训练目标　爆发力、协调、平衡

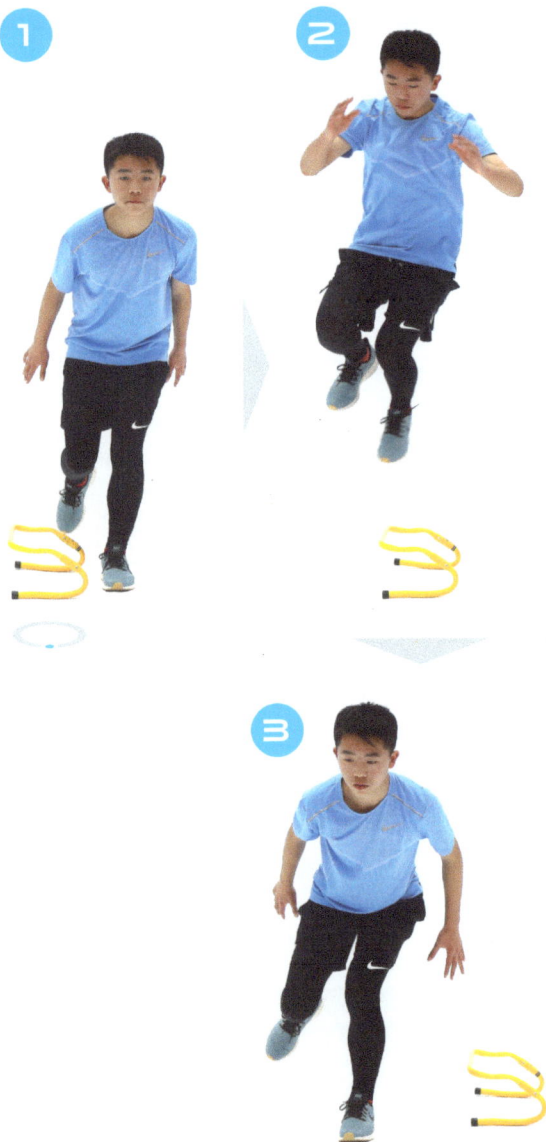

①

②

③

动作要点

① 屈髋屈膝单腿侧向栏架站立，靠近栏架一侧的腿抬离地面，躯干前倾，双臂位于体侧，背部挺直。

② 双臂快速上摆，以手臂带动身体快速伸髋伸膝，起跳脚蹬离地面，侧向跳过栏架。

③ 起跳脚单脚落地，同时，屈髋屈膝，双臂下摆。保持落地姿势1~2秒，然后双脚站立，身体恢复直立。

栏架 - 单脚跳 - 横向 - 向内 - 有反向

训练部位　下肢

主要肌肉　臀部肌群、股四头肌、腘绳肌、腓肠肌、胫骨前肌、踝部肌群

训练板块　快速伸缩复合训练、爆发力、动作技能

训练目标　爆发力、协调、平衡

栏架篇

泡沫轴篇

按摩棒篇

双臂举过头顶

动作要点

1　身体直立单腿侧向栏架站立，靠近栏架一侧的腿抬离地面，双臂举过头顶。

2　屈髋屈膝快速下蹲，双臂快速下摆至体侧。然后，双臂快速上摆，下肢快速伸髋伸膝，起跳脚蹬离地面，侧向跳过栏架。

3　起跳脚单脚落地，同时，屈髋屈膝，双臂下摆。保持落地姿势1~2秒，然后双脚站立，身体恢复直立。

栏架 - 单脚跳 - 横向 - 向内 - 双接触

训练部位	下肢
主要肌肉	臀部肌群、股四头肌、腘绳肌、腓肠肌、胫骨前肌、踝部肌群
训练板块	快速伸缩复合训练、爆发力、动作技能
训练目标	爆发力、协调、平衡
辅助器械	跳箱

动作要点

1 并排间隔放置跳箱与栏架，单腿直立侧向栏架站于跳箱边缘，靠近栏架一侧的腿悬空，双臂自然下垂于体侧。

2 悬空的腿侧向迈出，身体自然下落于跳箱与栏架之间，下落时，远离栏架一侧的脚着地，屈髋屈膝同时双臂下摆至体侧。

3 双臂快速上摆，下肢快速伸髋伸膝，起跳脚蹬离地面，侧向跳过栏架。

4 起跳脚单脚落地，同时，屈髋屈膝，双臂下摆。保持落地姿势1~2秒，然后双脚站立，身体恢复直立。

栏架 - 单脚跳 - 横向 - 向外 - 无反向

训练部位	下肢
主要肌肉	臀部肌群、股四头肌、腘绳肌、腓肠肌、胫骨前肌、踝部肌群
训练板块	快速伸缩复合训练、爆发力、动作技能
训练目标	爆发力、协调、平衡

①

②

动作要点

① 屈髋屈膝单腿侧向栏架站立，远离栏架一侧的腿抬离地面，躯干前倾，双臂位于体侧，背部挺直。

② 双臂快速上摆，以手臂带动身体快速伸髋伸膝，起跳脚蹬离地面，侧向跳过栏架。

③ 起跳脚单脚落地，同时，屈髋屈膝，双臂下摆。保持落地姿势1~2秒，然后双脚站立，身体恢复直立。

③

栏架 - 单脚跳 - 横向 - 向外 - 有反向

训练部位	下肢
主要肌肉	臀部肌群、股四头肌、腘绳肌、腓肠肌、胫骨前肌、踝部肌群
训练板块	快速伸缩复合训练、爆发力、动作技能
训练目标	爆发力、协调、平衡

栏架篇

泡沫轴篇

动作要点

1. 身体直立单腿侧向栏架站立，远离栏架一侧的腿抬离地面，双臂举过头顶。

2. 屈髋屈膝快速下蹲，双臂快速下摆至体侧。然后，双臂快速上摆，下肢快速伸髋伸膝，起跳脚蹬离地面，侧向跳过栏架。

3. 起跳脚单脚落地，同时，屈髋屈膝，双臂下摆。保持落地姿势1~2秒，然后双脚站立，身体恢复直立。

按摩棒篇

栏架 - 单脚跳 - 横向 - 向外 - 双接触

训练部位	下肢
主要肌肉	臀部肌群、股四头肌、腘绳肌、腓肠肌、胫骨前肌、踝部肌群
训练板块	快速伸缩复合训练、爆发力、动作技能
训练目标	爆发力、协调、平衡
辅助器械	跳箱

动作要点

1 并排间隔放置跳箱与栏架，单腿直立侧向栏架站于跳箱边缘，靠近栏架一侧的腿悬空，双臂自然下垂于体侧。

2 悬空的腿侧向迈出，身体自然下落于跳箱与栏架之间，下落时，靠近栏架一侧的脚着地，屈髋屈膝同时双臂下摆至体侧。

3 双臂快速上摆，下肢快速伸髋伸膝，起跳脚蹬离地面，侧向跳过栏架。

4 起跳脚单脚落地，同时，屈髋屈膝，双臂下摆。保持落地姿势1~2秒，然后双脚站立，身体恢复直立。

3.2.3　旋转

栏架 - 单脚跳 - 旋转 - 向内 - 无反向 - 90度

训练部位　下肢

主要肌肉　臀部肌群、股四头肌、腘绳肌、腓肠肌、胫骨前肌、踝部肌群

训练板块　快速伸缩复合训练、爆发力、动作技能

训练目标　爆发力、协调、平衡

动作要点

1. 屈髋屈膝单腿侧向栏架站立，靠近栏架一侧的腿抬离地面，躯干前倾，双臂位于体侧，背部挺直。

2. 双臂快速上摆，下肢快速伸髋伸膝，起跳脚蹬离地面，身体顺时针旋转90度跳过栏架。

3. 起跳脚单脚落地，屈髋屈膝缓冲地面的反作用力，同时双臂下摆至体侧。保持落地姿势1~2秒，然后身体恢复直立。

栏架篇

栏架-单脚跳-旋转-向外-无反向-90度

训练部位	下肢
主要肌肉	臀部肌群、股四头肌、腘绳肌、腓肠肌、胫骨前肌、踝部肌群
训练板块	快速伸缩复合训练、爆发力、动作技能
训练目标	爆发力、协调、平衡

泡沫轴篇

按摩棒篇

动作要点

1 屈髋屈膝单腿侧向栏架站立，远离栏架一侧的腿抬离地面，躯干前倾，双臂位于体侧，背部挺直。

2 双臂快速上摆，下肢快速伸髋伸膝，起跳脚蹬离地面，身体顺时针旋转90度跳过栏架。

3 起跳脚单脚落地，屈髋屈膝缓冲地面的反作用力，同时双臂下摆至体侧。保持落地姿势1~2秒，然后身体恢复直立。

栏架 - 单脚跳 - 旋转 - 向内 - 有反向 - 90 度

训练部位	下肢
主要肌肉	臀部肌群、股四头肌、腘绳肌、腓肠肌、胫骨前肌、踝部肌群
训练板块	快速伸缩复合训练、爆发力、动作技能
训练目标	爆发力、协调、平衡

1

双臂举过头顶

2

3

动作要点

1 身体直立侧向栏架站立，靠近栏架一侧的腿抬离地面，双臂举过头顶。

2 屈髋屈膝快速下蹲，双臂快速下摆至体侧。然后，双臂快速上摆，下肢快速伸髋伸膝，起跳脚蹬离地面，身体逆时针旋转90度跳过栏架。

3 起跳脚单脚落地，屈髋屈膝缓冲地面的反作用力，同时双臂下摆至体侧。保持落地姿势1~2秒，然后身体恢复直立。

栏架 - 单脚跳 - 旋转 - 向外 - 有反向 - 90度

训练部位	下肢
主要肌肉	臀部肌群、股四头肌、腘绳肌、腓肠肌、胫骨前肌、踝部肌群
训练板块	快速伸缩复合训练、爆发力、动作技能
训练目标	爆发力、协调、平衡

双臂举过头顶

栏架篇

泡沫轴篇

按摩棒篇

动作要点

1. 身体直立侧向栏架站立，远离栏架一侧的腿抬离地面，双臂举过头顶。

2. 屈髋屈膝快速下蹲，双臂快速下摆至体侧。然后，双臂快速上摆，下肢快速伸髋伸膝，起跳脚蹬离地面，身体逆时针旋转90度跳过栏架。

3. 起跳脚单脚落地，屈髋屈膝缓冲地面的反作用力，同时双臂下摆至体侧。保持落地姿势1~2秒，然后身体恢复直立。

栏架 - 单脚跳 - 旋转 - 向内 - 双接触 - 90度

训练部位　下肢

主要肌肉　臀部肌群、股四头肌、腘绳肌、腓肠肌、胫骨前肌、踝部肌群

训练板块　快速伸缩复合训练、爆发力、动作技能

训练目标　爆发力、协调、平衡

辅助器械　跳箱

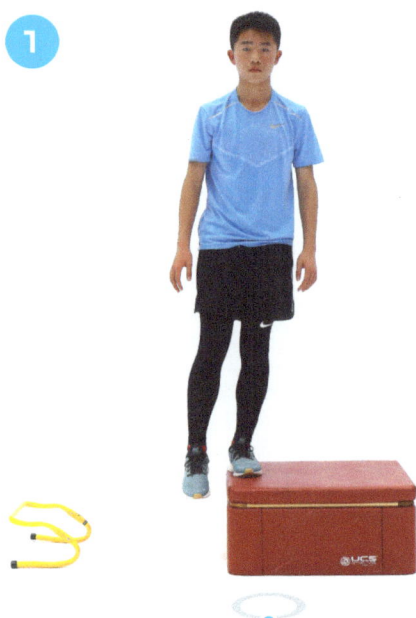

动作要点

1 并排间隔放置跳箱与栏架，单腿直立侧向栏架站于跳箱边缘，靠近栏架一侧的腿悬空，双臂自然下垂于体侧。

2 悬空的腿侧向迈出，身体自然下落于跳箱与栏架之间，下落时，远离栏架一侧的脚着地，屈髋屈膝同时双臂下摆至体侧。

3 双臂快速上摆，下肢快速伸髋伸膝，起跳脚蹬离地面，身体顺时针旋转90度跳过栏架。

4 起跳脚单脚落地，同时，屈髋屈膝，双臂下摆。保持落地姿势1~2秒，然后双脚站立，身体恢复直立。

栏架篇

泡沫轴篇

按摩棒篇

栏架 - 单脚跳 - 旋转 - 向外 - 双接触 - 90 度

训练部位　下肢

主要肌肉　臀部肌群、股四头肌、腘绳肌、腓肠肌、胫骨前肌、踝部肌群

训练板块　快速伸缩复合训练、爆发力、动作技能

训练目标　爆发力、协调、平衡

辅助器械　跳箱

动作要点

1 并排间隔放置跳箱与栏架，单腿直立侧向栏架站于跳箱边缘，靠近栏架一侧的腿悬空，双臂自然下垂于体侧。

2 悬空的腿侧向迈出，身体自然下落于跳箱与栏架之间，下落时，靠近栏架一侧的脚着地，屈髋屈膝同时双臂下摆至体侧。

3 双臂快速上摆，下肢快速伸髋伸膝，起跳脚蹬离地面，身体顺时针旋转90度跳过栏架。

4 起跳脚单脚落地，同时，屈髋屈膝，双臂下摆。保持落地姿势1~2秒，然后双脚站立，身体恢复直立。

3.3 交换跳

3.3.1 纵向

栏架 - 交换跳 - 纵向 - 无反向

训练部位　下肢

主要肌肉　臀部肌群、股四头肌、腘绳肌、腓肠肌、胫骨前肌、踝部肌群

训练板块　快速伸缩复合训练、爆发力、动作技能

训练目标　爆发力、协调、平衡

动作要点

1　屈髋屈膝单腿面向栏架站立，躯干前倾，双臂位于体侧，背部挺直。

2　双臂快速上摆，以手臂带动身体快速伸髋伸膝，起跳脚蹬离地面，向前跳过栏架。

3　另一只脚单脚落地，同时，屈髋屈膝，双臂下摆。保持落地姿势1~2秒，然后双脚站立，身体恢复直立。

栏架 - 交换跳 - 纵向 - 有反向

训练部位　下肢

主要肌肉　臀部肌群、股四头肌、腘绳肌、腓肠肌、胫骨前肌、踝部肌群

训练板块　快速伸缩复合训练、爆发力、动作技能

训练目标　爆发力、协调、平衡

动作要点

1 身体直立面向栏架单脚站立，双臂举过头顶。

2 屈髋屈膝快速下蹲，双臂快速下摆至体侧。然后，双臂快速上摆，下肢快速伸髋伸膝，起跳脚蹬离地面，向前跳过栏架。

3 另一只脚单脚落地，同时，屈髋屈膝，双臂下摆。保持落地姿势1~2秒，然后双脚站立，身体恢复直立。

栏架篇

泡沫轴篇

按摩棒篇

栏架 - 交换跳 - 纵向 - 双接触

训练部位　下肢

主要肌肉　臀部肌群、股四头肌、腘绳肌、腓肠肌、胫骨前肌、踝部肌群

训练板块　快速伸缩复合训练、爆发力、动作技能

训练目标　爆发力、协调、平衡

辅助器械　跳箱

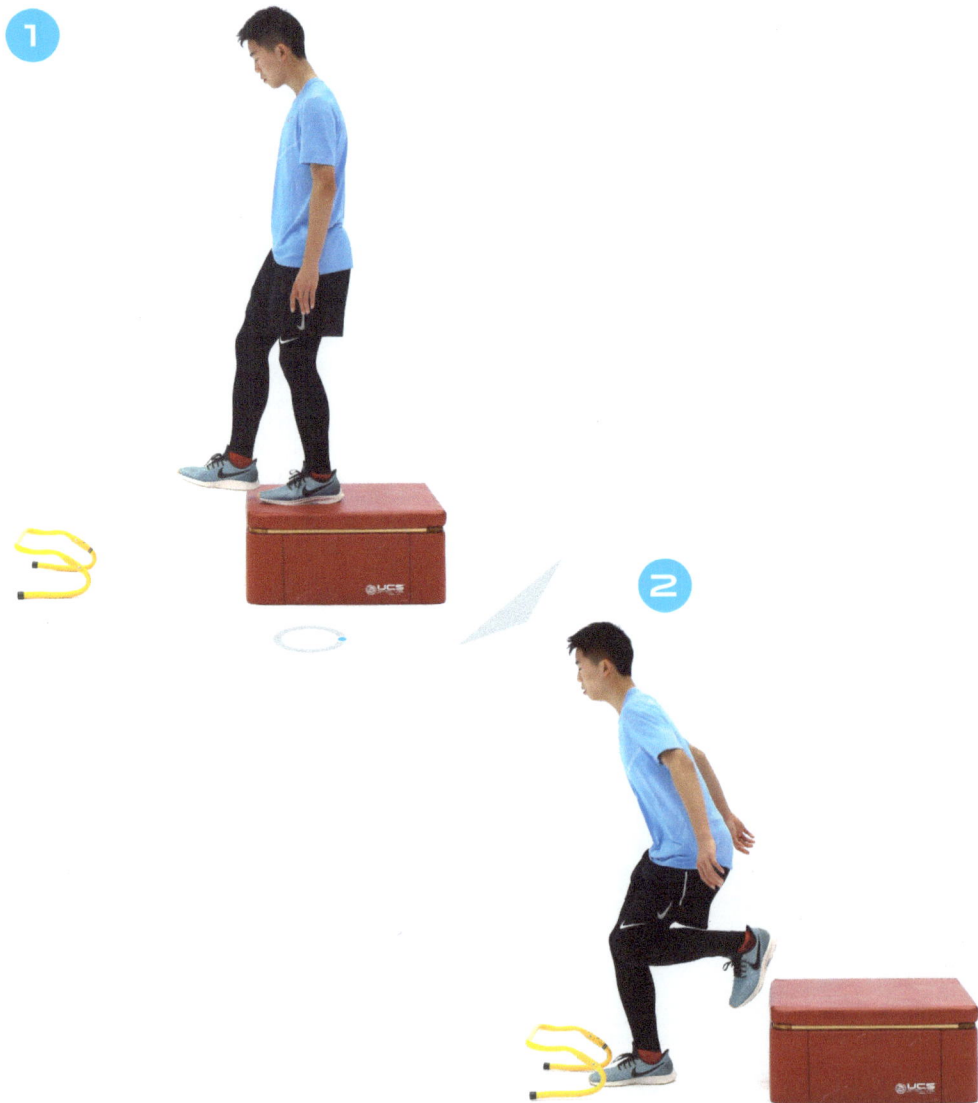

动作要点

1 并排间隔放置跳箱与栏架，单腿直立站于跳箱边缘，另一侧腿悬空，面朝栏架，双臂自然下垂于体侧。

2 身体前倾，悬空的腿向前迈出，使身体自然下落于跳箱与栏架之间，下落时，单脚着地，屈髋屈膝同时双臂下摆至体侧。

3 双臂快速上摆，下肢快速伸髋伸膝，起跳脚蹬离地面，向前跳过栏架。

4 另一侧脚单脚落地，同时，屈髋屈膝，双臂下摆。保持落地姿势1~2秒，然后双脚站立，身体恢复直立。

栏架篇

泡沫轴篇

按摩棒篇

3.3.2 横向

栏架 - 交换跳 - 横向 - 无反向

训练部位　下肢

主要肌肉　臀部肌群、股四头肌、腘绳肌、腓肠肌、胫骨前肌、踝部肌群

训练板块　快速伸缩复合训练、爆发力、动作技能

训练目标　爆发力、协调、平衡

动作要点

1. 屈髋屈膝单腿侧向栏架站立，靠近栏架一侧的腿抬离地面，躯干前倾，双臂位于体侧，背部挺直。

2. 双臂快速上摆，以手臂带动身体快速伸髋伸膝，起跳脚蹬离地面，侧向跳过栏架。

3. 另一侧脚单脚落地，同时，屈髋屈膝，双臂下摆。保持落地姿势1~2秒，然后双脚站立，身体恢复直立。

栏架 - 交换跳 - 横向 - 有反向

训练部位　下肢

主要肌肉　臀部肌群、股四头肌、腘绳肌、腓肠肌、胫骨前肌、踝部肌群

训练板块　快速伸缩复合训练、爆发力、动作技能

训练目标　爆发力、协调、平衡

动作要点

1 身体直立单腿侧向栏架站立，靠近栏架一侧的腿抬离地面，双臂举过头顶。

2 屈髋屈膝快速下蹲，双臂快速下摆至体侧。然后，双臂快速上摆，下肢快速伸髋伸膝，起跳脚蹬离地面，侧向跳过栏架。

3 另一侧脚单脚落地，同时，屈髋屈膝，双臂下摆。保持落地姿势1~2秒，然后双脚站立，身体恢复直立。

栏架 - 交换跳 - 横向 - 双接触

训练部位　下肢

主要肌肉　臀部肌群、股四头肌、腘绳肌、腓肠肌、胫骨前肌、踝部肌群

训练板块　快速伸缩复合训练、爆发力、动作技能

训练目标　爆发力、协调、平衡

辅助器械　跳箱

动作要点

1 并排间隔放置跳箱与栏架，单腿直立侧向栏架站于跳箱边缘，另一侧腿悬空，双臂自然下垂于体侧。

2 悬空的腿侧向迈出，使身体自然下落于跳箱与栏架之间，下落时，单脚着地，屈髋屈膝同时双臂下摆至体侧。

3 双臂快速上摆，下肢快速伸髋伸膝，起跳脚蹬离地面，侧向跳过栏架。

4 另一侧脚单脚落地，同时，屈髋屈膝，双臂下摆。保持落地姿势1~2秒，然后双脚站立，身体恢复直立。

3.3.3 旋转

栏架 - 交换跳 - 旋转 - 无反向 - 90度

训练部位　**下肢**

主要肌肉　**臀部肌群、股四头肌、腘绳肌、腓肠肌、胫骨前肌、踝部肌群**

训练板块　**快速伸缩复合训练、爆发力、动作技能**

训练目标　**爆发力、协调、平衡**

动作要点

1. 屈髋屈膝单腿侧向栏架站立，靠近栏架一侧的腿抬离地面，躯干前倾，双臂位于体侧，背部挺直。

2. 双臂快速上摆，下肢快速伸髋伸膝，起跳脚蹬离地面，身体逆时针旋转90度跳过栏架。

3. 另一侧脚单脚落地，屈髋屈膝缓冲地面的反作用力，同时双臂下摆至体侧。保持落地姿势1~2秒，然后身体恢复直立。

① 双臂举过头顶

栏架-交换跳-旋转-有反向-90度

训练部位　下肢

主要肌肉　臀部肌群、股四头肌、腘绳肌、腓肠肌、胫骨前肌、踝部肌群

训练板块　快速伸缩复合训练、爆发力、动作技能

训练目标　爆发力、协调、平衡

栏架篇

动作要点

① 身体直立侧向栏架站立，靠近栏架一侧的腿抬离地面，双臂举过头顶。

② 屈髋屈膝快速下蹲，双臂快速下摆至体侧。然后，双臂快速上摆，下肢快速伸髋伸膝，起跳脚蹬离地面，身体逆时针旋转90度跳过栏架。

③ 另一侧脚单脚落地，屈髋屈膝缓冲地面的反作用力，同时双臂下摆至体侧。保持落地姿势1~2秒，然后身体恢复直立。

②

③

泡沫轴篇

按摩棒篇

栏架 - 交换跳 - 旋转 - 双接触 - 90度

训练部位　　下肢

主要肌肉　　臀部肌群、股四头肌、腘绳肌、腓肠肌、胫骨前肌、踝部肌群

训练板块　　快速伸缩复合训练、爆发力、动作技能

训练目标　　爆发力、协调、平衡

辅助器械　　跳箱

动作要点

1 并排间隔放置跳箱与栏架，单腿直立侧向栏架站于跳箱边缘，靠近栏架一侧的腿悬空，双臂自然下垂于体侧。

2 悬空的腿侧向迈出，身体自然下落于跳箱与栏架之间，下落时，远离栏架一侧的脚着地，屈髋屈膝同时双臂下摆至体侧。

3 双臂快速上摆，下肢快速伸髋伸膝，起跳脚蹬离地面，身体顺时针旋转90度跳过栏架。

4 另一侧脚单脚落地，同时，屈髋屈膝，双臂下摆。保持落地姿势1~2秒，然后双脚站立，身体恢复直立。

3.4 双变单

3.4.1 纵向

栏架 - 双变单 - 纵向 - 双接触

训练部位	下肢
主要肌肉	臀部肌群、股四头肌、腘绳肌、腓肠肌、胫骨前肌、踝部肌群
训练板块	快速伸缩复合训练、爆发力、动作技能
训练目标	爆发力、协调、平衡
辅助器械	跳箱

动作要点

1 并排间隔放置跳箱与栏架，单腿直立面向栏架站于跳箱边缘，另一侧腿悬空，双臂自然下垂于体侧。

2 身体前倾，悬空的腿向前迈出，使身体自然下落于跳箱与栏架之间，双脚同时着地，屈髋屈膝同时双臂下摆至体侧。

3 双臂快速上摆，下肢快速伸髋伸膝，双脚蹬离地面，向前跳过栏架。

4 单脚落地，屈髋屈膝缓冲地面的反作用力，同时双臂下摆至体侧。保持落地姿势1~2秒，然后身体恢复直立。

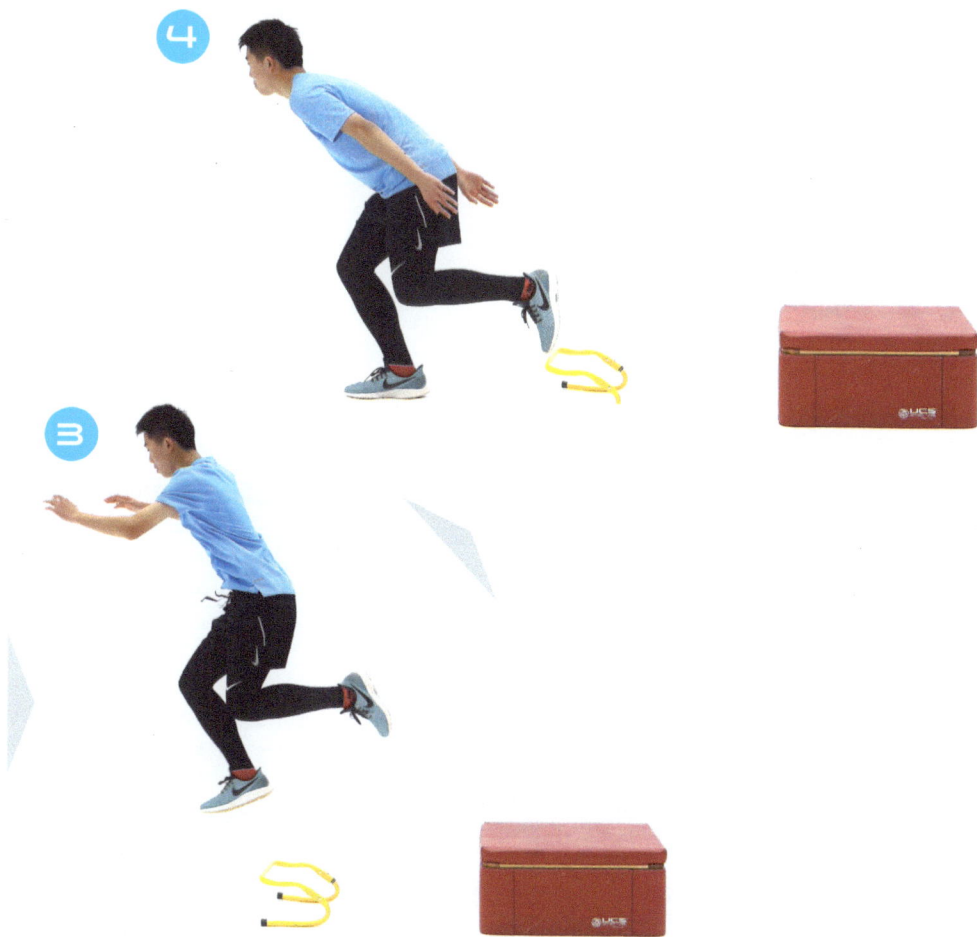

栏架篇

泡沫轴篇

按摩棒篇

3.4.2　旋转

栏架 - 双变单 - 旋转 - 无反向 - 90度

训练部位	下肢
主要肌肉	臀部肌群、股四头肌、腘绳肌、腓肠肌、胫骨前肌、踝部肌群
训练板块	快速伸缩复合训练、爆发力、动作技能
训练目标	爆发力、协调、平衡

动作要点

1. 屈髋屈膝侧向栏架站立，双脚分开约与肩同宽，躯干前倾，双臂位于体侧，背部挺直。

2. 双臂快速上摆，以手臂带动身体快速伸髋伸膝，双脚蹬离地面，身体逆时针旋转90度跳过栏架。

3. 单脚落地，同时，屈髋屈膝，双臂下摆。保持落地姿势1~2秒，然后双脚站立，身体恢复直立。

双臂举过头顶

栏架-双变单-旋转-有反向-90度

训练部位　**下肢**

主要肌肉　**臀部肌群、股四头肌、腘绳肌、腓肠肌、胫骨前肌、踝部肌群**

训练板块　**快速伸缩复合训练、爆发力、动作技能**

训练目标　**爆发力、协调、平衡**

栏架篇

动作要点

1 身体直立侧向栏架站立，双脚分开约与肩同宽，双臂举过头顶。

2 屈髋屈膝快速下蹲，双臂快速下摆至体侧。然后，双臂快速上摆，下肢快速伸髋伸膝，双脚蹬离地面，身体逆时针旋转90度跳过栏架。

3 单脚落地，同时，屈髋屈膝，双臂下摆。保持落地姿势1~2秒，然后双脚站立，身体恢复直立。

泡沫轴篇

按摩棒篇

3.5 敏捷性

3.5.1 纵向

栏架 - 敏捷 - 纵向 - 一次一步

训练部位　下肢

主要肌肉　臀部肌群、股四头肌、腘绳肌、腓肠肌、胫骨前肌、踝部肌群

训练板块　快速伸缩复合训练、爆发力、动作技能

训练目标　爆发力、协调、灵敏

动作要点

1 并排间隔放置三个栏架，面向第一个栏架站立，双脚分开约与肩同宽，双臂位于体侧，背部挺直。

2 双臂迅速摆动，同时右脚尽量上抬，并向前跨过第一个栏架。

3 右脚着地后迅速蹬地发力，左脚上抬并向前跨过第二个栏架。

4 左脚着地后迅速蹬地发力，右脚上抬并向前跨过第三个栏架。

5 跨过三个栏架后，双脚着地，保持身体稳定1~2秒。

6

6

5

4

栏架篇

泡沫轴篇

按摩棒篇

栏架 - 敏捷 - 纵向 - 一次两步

训练部位　下肢

主要肌肉　臀部肌群、股四头肌、腘绳肌、腓肠肌、胫骨前肌、踝部肌群

训练板块　快速伸缩复合训练、爆发力、动作技能

训练目标　爆发力、协调、灵敏

动作要点

1 并排间隔放置三个栏架，身体直立面向第一个栏架站立，双腿并拢，双臂位于体侧，背部挺直。

2 双臂迅速摆动，同时右脚迅速上抬并向前跨过第一个栏架。

3 跨过第一个栏架后，右脚和左脚交替着地，之后左脚蹬地发力，右脚上抬并向前跨过第二个栏架。

4 跨过第二个栏架后，右脚和左脚交替着地，之后左脚蹬地发力，右脚上抬并向前跨过第三个栏架。

5

6 跨过三个栏架后，双脚着地，保持身体稳定1~2秒。

6

5

4

栏架 - 敏捷 - 纵向 -Z 字 - 左右并步连续

训练部位　下肢

主要肌肉　臀部肌群、股四头肌、腘绳肌、腓肠肌、胫骨前肌、踝部肌群

训练板块　快速伸缩复合训练、爆发力、动作技能

训练目标　爆发力、协调、灵敏

动作要点

1 并排间隔放置三个栏架，屈髋屈膝站于第一个栏架左侧，双脚分开约与肩同宽，躯干前倾，双臂位于体侧，背部挺直。

2 左脚蹬地，右脚向右前方跨一步，落于第一个栏架与第二个栏架之间。右脚着

3 地后，左脚迅速并步收至右脚旁，双脚平行站立。

4 左脚继续蹬地，右脚向右前方跨一步，落于第二个栏架右侧。

5 右脚着地后，左脚向左前方跨一步，落

6 于第二个栏架与第三个栏架之间。

7 左脚着地后，右脚迅速并步收至右脚旁，双脚平行站立。

8 右脚蹬地，左脚向左前方跨一步，落于第三个栏架左侧。左脚着地后，右脚迅

9 速并步收至左脚旁，双脚平行站立。保持身体稳定1~2秒，然后身体恢复直立。

栏架篇

泡沫轴篇

按摩棒篇

3.5.2　横向

栏架 - 敏捷 - 横向 - 高抬腿 - 变向停顿 -2 栏架

训练部位　下肢

主要肌肉　臀部肌群、股四头肌、腘绳肌、腓肠肌、胫骨前肌、踝部肌群

训练板块　快速伸缩复合训练、爆发力、动作技能

训练目标　爆发力、协调、灵敏

动作要点

1 并排间隔放置两个栏架，身体侧向第一个栏架站立，双脚分开约与肩同宽，背部挺直。

2 左腿尽量抬高至大腿与地面平行，然后向左横跨过第一个栏架。

3 左脚着地，右腿尽量抬高并侧向跨过第一个栏架。

4
5 右脚跨过栏架后，左右脚再交替跨过第二个栏架。跨过第二个栏架后，保持左腿支撑稳定姿势1~2秒。
6

栏架篇

泡沫轴篇

按摩棒篇

1

栏架 - 敏捷 - 横向 - 高抬腿 - 变向停顿 -3 栏架

训练部位	下肢
主要肌肉	臀部肌群、股四头肌、腘绳肌、腓肠肌、胫骨前肌、踝部肌群
训练板块	快速伸缩复合训练、爆发力、动作技能
训练目标	爆发力、协调、灵敏

2

3

动作要点

1 并排间隔放置三个栏架，身体侧向第一个栏架站立，双脚分开约与肩同宽，背部挺直。

2 左腿尽量抬高至大腿与地面平行，然后向左横跨过第一个栏架。

3 左脚着地，右腿尽量抬高并侧向跨过第一个栏架。

4 **5** **6** 右脚跨过栏架后，左右脚再交替跨过第二个和第三个栏架。跨过第三个栏架后，保持左腿支撑稳定姿势1~2秒。

6

5

4

栏架 - 敏捷 - 横向 - 高抬腿 - 左右连续 -1栏架

训练部位　下肢

主要肌肉　臀部肌群、股四头肌、腘绳肌、腓肠肌、胫骨前肌、踝部肌群

训练板块　快速伸缩复合训练、爆发力、动作技能

训练目标　爆发力、协调、灵敏

动作要点

1 身体侧向栏架站立，双脚分开约与肩同宽，背部挺直。

2 **3** 右脚蹬地，左腿尽量抬高，然后向左跨过栏架。

4 左脚着地，右腿尽量抬高跨过栏架。

5 **6** 右脚与左脚交替着地，然后右腿抬高向右跨过栏架。

7 **8** 左腿抬高跨过栏架，然后双脚着地，身体恢复直立。

栏架篇

泡沫轴篇

按摩棒篇

栏架 - 敏捷 - 横向 - 高抬腿 - 左右连续 - 2 栏架

训练部位	下肢
主要肌肉	臀部肌群、股四头肌、腘绳肌、腓肠肌、胫骨前肌、踝部肌群
训练板块	快速伸缩复合训练、爆发力、动作技能
训练目标	爆发力、协调、灵敏

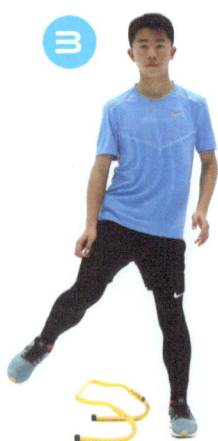

动作要点

1 并排间隔放置两个栏架，身体侧向第一个栏架站立，双脚分开约与肩同宽，背部挺直。

2
3 右脚蹬地，左腿尽量抬高，然后向左横跨过第一个栏架。左脚着地后，右腿尽量抬高并跨过第一个栏架。

4
5 右脚跨过栏架后，左右脚再交替向左侧跨过第二个栏架。

6
7 跨过第二个栏架后，反方向重复以上步骤，双腿交替依次向右侧跨过两个栏架。

栏架 - 敏捷 - 横向 - 高抬腿 - 左右连续 -3 栏架

训练部位	下肢
主要肌肉	臀部肌群、股四头肌、腘绳肌、腓肠肌、胫骨前肌、踝部肌群
训练板块	快速伸缩复合训练、爆发力、动作技能
训练目标	爆发力、协调、灵敏

动作要点

1 并排间隔放置三个栏架，身体侧向第一个栏架站立，双脚分开约与肩同宽，背部挺直。

2 右脚蹬地，左腿尽量抬高，然后向左横跨过第一个栏架。

3 左脚着地后，右腿尽量抬高并跨过第一个栏架。

4
5 右脚跨过第一个栏架后，左右脚再交替向左侧跨过第二个和第三个栏架。
6

7
8 跨过第三个栏架后，反方向重复以上步骤，双腿交替依次向右侧跨过三个栏架。

8

7

5

6

栏架篇

泡沫轴篇

按摩棒篇

泡沫轴篇

3.6　上肢训练

泡沫轴 - 肱二头肌

训练部位　　**上肢**

主要肌肉　　**肱二头肌**

训练板块　　**软组织放松、肌肉激活**

训练目标　　**激活放松肱二头肌**

动作要点

1 屈髋屈膝跪于地面，呈俯身跪姿。左臂撑地，右臂侧平举置于泡沫轴上右手拇指朝下。

2 身体移动，使泡沫轴在肘部与肩部之间来回滚动，滚动时在肌肉酸痛点上停留一定时间。来回滚动规定时间后，换另一侧重复动作。

栏架篇

泡沫轴篇

按摩棒篇

1

2

泡沫轴 - 肱三头肌

训练部位　　**上肢**

主要肌肉　　**肱三头肌**

训练板块　　**软组织放松、肌肉激活**

训练目标　　**激活放松肱三头肌**

动作要点

1 身体呈侧卧位，左臂屈曲，左手支撑头部，泡沫轴置于左上臂下方，右臂屈曲位于体前，右手支撑于地面。

↓

2 身体移动，使泡沫轴在腋窝与肘部之间来回滚动，滚动时在肌肉酸痛点上停留一定时间。来回滚动规定时间后，换另一侧重复动作。

1

2

3.7 躯干训练

泡沫轴 - 背阔肌

训练部位 **背部**

主要肌肉 **背阔肌、大圆肌**

训练板块 **软组织放松、肌肉激活**

训练目标 **激活放松背阔肌**

栏架篇

动作要点

1 屈膝坐于地面上，身体后倾，右臂向后自然伸直，右手掌心向上，泡沫轴置于右侧腋窝下方，左臂屈曲支撑于身体右侧。

2 身体移动，使泡沫轴在右侧背部来回滚动，滚动时在肌肉酸痛点上停留一定时间。来回滚动规定时间后，换另一侧重复动作。

泡沫轴篇

1

2

按摩棒篇

泡沫轴 - 上背部

训练部位　背部

主要肌肉　背阔肌、斜方肌、菱形肌、大圆肌

训练板块　软组织放松、肌肉激活

训练目标　激活放松上背部肌肉

动作要点

1 身体呈仰卧位，屈髋屈膝，泡沫轴置于上背部。

2 身体移动，使泡沫轴在肩部与中背部之间来回滚动，滚动时在肌肉酸痛点上停留一定时间。

1

2

泡沫轴 - 下腰背

训练部位　背部、腰部

主要肌肉　背阔肌、竖脊肌

训练板块　软组织放松、肌肉激活

训练目标　激活放松下背部肌肉

栏架篇

动作要点

1 身体呈仰卧位，屈髋屈膝，泡沫轴置于下背部，双臂交叉抱于胸前。

2 身体移动，使泡沫轴在中背部与臀部之间来回滚动，滚动时在肌肉酸痛点上停留一定时间。

泡沫轴篇

1

2

按摩棒篇

3.8 下肢训练

泡沫轴 - 大腿外侧

训练部位 **下肢**

主要肌肉 **阔筋膜张肌、髂胫束**

训练板块 **软组织放松、肌肉激活**

训练目标 **激活放松大腿外侧肌肉**

动作要点

① 身体呈侧卧位，双臂自然伸直，双手支撑于地面，将身体抬离地面。左腿在下并自然伸直，泡沫轴置于左侧大腿下方靠近膝关节处，右腿屈曲置于左腿前侧，右脚撑地。

② 身体移动，使泡沫轴在髋关节外侧与膝关节外侧之间来回滚动，滚动时在肌肉酸痛点上停留一定时间。来回滚动规定时间后，换另一侧重复动作。

①

②

泡沫轴 - 臀中肌

训练部位　臀部
主要肌肉　臀中肌
训练板块　软组织放松、肌肉激活
训练目标　激活放松臀中肌

动作要点

1 身体呈侧卧位，左手撑地将身体抬离地面，左腿伸直，右腿屈膝，右脚撑地，泡沫轴置于左侧臀部下方，右手置于右腿膝关节处。

2 身体移动，使泡沫轴在左侧臀部来回滚动，滚动时在肌肉酸痛点上停留一定时间。来回滚动规定时间后，换另一侧重复动作。

1

2

泡沫轴 - 臀部肌群

训练部位　**臀部**

主要肌肉　**臀大肌、臀中肌、臀小肌**

训练板块　**软组织放松、肌肉激活**

训练目标　**激活放松臀部肌群**

动作要点

1 身体呈仰卧位,双臂伸直撑于体后,将身体抬离地面,屈髋屈膝,泡沫轴置于臀部下方,双臂内旋,手指指向前方。

2 身体移动,使泡沫轴在臀部来回滚动,滚动时在肌肉酸痛点上停留一定时间。

1

2

泡沫轴 - 臀部肌群 - 单侧

训练部位　**臀部**

主要肌肉　**臀大肌、臀中肌、臀小肌**

训练板块　**软组织放松、肌肉激活**

训练目标　**激活放松单侧臀部肌群**

动作要点

1 身体呈仰卧位，双臂伸直撑于体后，将身体抬离地面，单腿屈髋屈膝支撑，另一条腿屈曲置于支撑腿膝关节上方，泡沫轴置于臀部下方，双臂内旋，手指指向前方。

2 身体移动，使泡沫轴在一侧臀部来回滚动，滚动时在肌肉酸痛点上停留一定时间。来回滚动规定时间后，换另一侧重复动作。

1

2

栏架篇

泡沫轴篇

按摩棒篇

泡沫轴 - 大腿前侧

训练部位　**下肢**

主要肌肉　**股四头肌**

训练板块　**软组织放松、肌肉激活**

训练目标　**激活放松股四头肌**

泡沫轴 - 大腿内侧

训练部位　**下肢**

主要肌肉　**大收肌、短收肌、长收肌**

训练板块　**软组织放松、肌肉激活**

训练目标　**激活放松大腿内侧肌群**

栏架篇

动作要点

1 身体呈俯卧位，双臂屈肘支撑，将身体抬离地面，前臂贴于地面。右腿自然伸直，左腿屈曲并外展，泡沫轴置于左大腿下方。

2 身体移动，使泡沫轴在大腿内侧来回滚动，滚动时在肌肉酸痛点上停留一定时间。来回滚动规定时间后，换另一侧重复动作。

泡沫轴篇

按摩棒篇

泡沫轴 - 大腿后侧

训练部位　**下肢**

主要肌肉　**股二头肌、半腱肌、半膜肌**

训练板块　**软组织放松、肌肉激活**

训练目标　**激活放松腘绳肌**

动作要点

1 身体呈坐姿，双臂伸直撑于体后，左腿伸直，泡沫轴置于左大腿下方，右腿屈曲置于左腿上。

2 身体移动，使泡沫轴在大腿处来回滚动，滚动时在肌肉酸痛点上停留一定时间。来回滚动规定时间后，换另一侧重复动作。

1

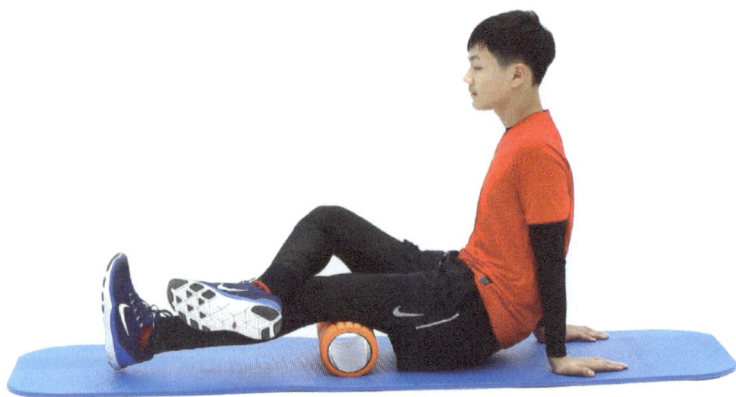

2

泡沫轴 - 小腿前侧

训练部位　　**下肢**

主要肌肉　　**胫骨前肌**

训练板块　　**软组织放松、肌肉激活**

训练目标　　**激活放松胫骨前肌**

动作要点

1 身体呈俯撑姿，双臂伸直支撑于地面，屈髋屈膝坐于小腿上，双脚略微内扣，泡沫轴置于小腿下方。

2 身体移动，使泡沫轴在小腿处来回滚动，滚动时在肌肉酸痛点上停留一定时间。

泡沫轴篇

1

2

按摩棒篇

泡沫轴 - 小腿后侧

训练部位　**下肢**

主要肌肉　**腓肠肌、比目鱼肌**

训练板块　**软组织放松、肌肉激活**

训练目标　**激活放松小腿后侧肌群**

动作要点

1 身体呈坐姿，双臂伸直撑于体后，双腿交叠自然伸直，泡沫轴置于小腿下方。

2 移动身体，使泡沫轴在小腿处来回滚动，滚动时在肌肉酸痛点上停留一定时间。来回滚动规定时间后，换另一侧重复动作。

1

2

按摩棒篇

3.9 上肢训练

按摩棒 - 前臂前侧

训练部位   **上肢**

主要肌肉   **前臂肌群**

训练板块   **软组织放松、肌肉激活**

训练目标   **激活放松前臂前侧肌群**

动作要点

① 屈髋屈膝坐于垫上，左臂伸直置于左腿上，左掌心向上，右手持按摩棒置于左前臂上。

② 右手持按摩棒在左前臂上施加一定压力并来回滚动，滚动时在肌肉酸痛点上停留一定时间。来回滚动规定时间后，换另一侧重复动作。

按摩棒 - 前臂后侧

训练部位　**上肢**

主要肌肉　**前臂肌群**

训练板块　**软组织放松、肌肉激活**

训练目标　**激活放松前臂后侧肌群**

动作要点

1 屈髋屈膝坐于垫上，左臂伸直置于左腿上，左掌心向下，右手持按摩棒置于左前臂上。

2 右手持按摩棒在左前臂上施加一定压力并来回滚动，滚动时在肌肉酸痛点上停留一定时间。来回滚动规定时间后，换另一侧重复动作。

1

2

3.10 　下肢训练

按摩棒 - 大腿前侧

训练部位　**下肢**

主要肌肉　**股四头肌**

训练板块　**软组织放松、肌肉激活**

训练目标　**激活放松股四头肌**

1

2

按摩棒 - 大腿内侧

训练部位　下肢

主要肌肉　大收肌、短收肌、长收肌

训练板块　软组织放松、肌肉激活

训练目标　激活放松大腿内侧肌群

动作要点

1 右腿在前，左腿在后，呈半跪姿，双手持按摩棒放在右大腿内侧。

2 双手持按摩棒在右大腿内侧施加一定压力并来回滚动，滚动时在肌肉酸痛点上停留一定时间。来回滚动规定时间后，换另一侧重复动作。

1

2

按摩棒 - 大腿外侧

训练部位　**下肢**

主要肌肉　**阔筋膜张肌、髂胫束**

训练板块　**软组织放松、肌肉激活**

训练目标　**激活放松大腿外侧肌肉**

动作要点

1 左腿在前，右腿在后，呈半跪姿，双手持按摩棒放在左大腿外侧。

↓

2 双手持按摩棒在左大腿外侧施加一定压力并来回滚动，滚动时在肌肉酸痛点上停留一定时间。来回滚动规定时间后，换另一侧重复动作。

1

2

按摩棒 - 大腿后侧

训练部位　**下肢**

主要肌肉　**股二头肌、半腱肌、半膜肌**

训练板块　**软组织放松、肌肉激活**

训练目标　**激活放松腘绳肌**

栏架篇

泡沫轴篇

按摩棒篇

1

2

按摩棒 - 小腿前侧

训练部位　下肢

主要肌肉　胫骨前肌

训练板块　软组织放松、肌肉激活

训练目标　激活放松胫骨前肌

动作要点

1 右腿伸直、左腿屈曲坐于垫上，双手持按摩棒放在左小腿前侧。

2 双手持按摩棒在左小腿前侧施加一定压力并来回滚动，滚动时在肌肉酸痛点上停留一定时间。来回滚动规定时间后，换另一侧重复动作。

1

2

按摩棒 - 小腿后侧

训练部位　下肢

主要肌肉　腓肠肌、比目鱼肌

训练板块　软组织放松、肌肉激活

训练目标　激活放松小腿后侧肌群

栏架篇

动作要点

1 右腿伸直、左腿屈曲坐于垫上，双手持按摩棒放在左小腿后侧。

2 双手持按摩棒在左小腿后侧施加一定压力并来回滚动，滚动时在肌肉酸痛点上停留一定时间。来回滚动规定时间后，换另一侧重复动作。

泡沫轴篇

按摩棒篇

按摩棒 - 小腿内侧

训练部位　**下肢**

主要肌肉　**腓肠肌内侧**

训练板块　**软组织放松、肌肉激活**

训练目标　**激活放松小腿内侧肌群**

动作要点

1 左腿伸直、右腿屈曲坐于垫上，右腿稍微外旋，双手持按摩棒放在右小腿内侧。

2 双手持按摩棒在右小腿内侧施加一定压力并来回滚动，滚动时在肌肉酸痛点上停留一定时间。来回滚动规定时间后，换另一侧重复动作。

1

2

按摩棒 - 小腿外侧

训练部位 **下肢**

主要肌肉 **腓肠肌外侧**

训练板块 **软组织放松、肌肉激活**

训练目标 **激活放松小腿外侧肌群**

栏架篇

动作要点

1 右腿伸直、左腿屈曲坐于垫上，左腿稍微内旋，双手持按摩棒放在左小腿外侧。

2 双手持按摩棒在左小腿外侧施加一定压力并来回滚动，滚动时在肌肉酸痛点上停留一定时间。来回滚动规定时间后，换另一侧重复动作。

泡沫轴篇

1

2

按摩棒篇

CHAPTER 04

第 4 章

训练计划

　　要想设计一份合理的训练计划，必须明确个人的训练需求，并遵循一定的原则。本章将介绍训练参数含义和青少年训练计划制定原则，并提供7个适合青少年的栏架、泡沫轴和按摩棒训练计划。

4.1 青少年训练计划制定原则

（1）在制定训练计划之前，应该确定个人的需求。青少年在身体和心理的成熟程度、训练目标、遗传潜力以及参与训练的意愿方面都存在个体差异。因此，制定个性化的训练计划是成功的关键。

（2）在制定训练计划之前，应对青少年进行全面的身体评估。评估内容应包括基本健康状况评估（是否有损伤及损伤的原因）、当前身体状态评估和运动表现能力评估。对身体测试结果的评估与评估结果将直接影响训练计划的制定与实施。

（3）训练计划要全面。训练内容应包含各项身体素质（力量、耐力、柔韧性和灵活等）的动态、静态以及开链、闭链等练习。青少年处于发展敏感期，在这个阶段采用丰富的训练手段来全面发展各项身体素质，不仅能够提高青少年参与运动的积极性，还将为今后打下扎实的体能基础。

（4）训练计划要均衡。训练内容应涉及身体上肢、下肢，前侧、后侧，以及躯干部位的训练，避免不平衡训练带来的动作模式欠佳、不良体态及运动损伤等问题。

（5）采用适当的训练量和强度。由于青少年骨骼和肌肉系统尚未发育成熟，过大的训练量及训练强度可能会适得其反，不仅影响青少年参加训练的积极性，同时会打击他们的自信心，切记不要将成年人的训练计划用于青少年。

（6）计划要具有进阶性。训练内容应该从简单到复杂，并根据身体对训练刺激的适应程度循序渐进地进行调整。进阶则意味着进步，青少年应通过增加训练频率、强度和时间，来逐渐提高他们的训练难度，从而进一步改善身体素质。

4.2 训练节奏与间歇

对于一组训练的内容安排来说,训练动作固然重要,但训练时的动作节奏与间歇时间才是成功与否的关键。我们通常把动作节奏定义为一组数字:如果动作的离心阶段是 2 秒,等长阶段是 2 秒,向心阶段是 1 秒,则将动作节奏表示为 2-2-1。例如进行杠铃深蹲练习时,身体从站姿向下蹲的过程为 2 秒,到达最低位置时保持 2 秒,从深蹲姿势到站立过程为 1 秒。训练目的不同,动作节奏也不同。

间歇时间是指两组训练之间或者两个动作之间的间隔时间,它决定着训练的强度。当青少年逐渐适应了训练计划以后,就可以缩短组间或者动作之间的休息时间,从而提高训练强度。而如果我们采用更大的训练负荷时,那么间歇时间会相应地增加,让机体有更充分的恢复时间,这样能够有效地避免过度训练以及可能带来的运动损伤。

4.3　青少年栏架训练方案

训练计划 1：动作模式强化训练方案

训练目的： 栏架快速伸缩复合训练有很多基础动作，如双脚跳、单脚跳等，青少年通过这些动作的正确练习，可以有效提升下肢肌肉的力量、爆发力和协调能力，不断优化动作模式，最终转化为自身的动作技能。

页码	动作图片	动作名称	组数	重复次数	练习节奏	间歇时间
21		栏架－双脚跳－纵向－无反向	1 组	1	有控制、快速	20 秒
26		栏架－双脚跳－横向－无反向	2 组（左右两侧各1组）	1	有控制、快速	20 秒
30		栏架－双脚跳－旋转－无反向-90度	2 组（左右两侧各1组）	1	有控制、快速	20 秒
34		栏架－单脚跳－纵向－无反向	2 组（左右两侧各1组）	1	有控制、快速	30 秒
38		栏架－单脚跳－横向－向内－无反向	2 组（左右两侧各1组）	1	有控制、快速	30 秒
42		栏架－单脚跳－横向－向外－无反向	2 组（左右两侧各1组）	1	有控制、快速	30 秒
46		栏架－单脚跳－旋转－向内-无反向-90度	2 组（左右两侧各1组）	1	有控制、快速	30 秒
47		栏架－单脚跳－旋转-向外-无反向-90度	2 组（左右两侧各1组）	1	有控制、快速	30 秒

训练计划2：下肢爆发力训练方案

训练目的： 下肢爆发力在青少年活动中至关重要，通过栏架进行强化训练，能综合提升青少年的下肢力量、平衡能力、稳定能力及协调性，最终提升爆发力，使青少年在掌握落地技术的同时，跑得更快、跳得更高。

页码	动作图片	动作名称	组数	重复次数	练习节奏	间歇时间
35		栏架-单脚跳-纵向-有反向	2组（左右两侧各1组）	1	有控制、快速	30秒
39		栏架-单脚跳-横向-向内-有反向	2组（左右两侧各1组）	1	有控制、快速	30秒
43		栏架-单脚跳-横向-向外-有反向	2组（左右两侧各1组）	1	有控制、快速	30秒
48		栏架-单脚跳-旋转-向内-有反向-90度	2组（左右两侧各1组）	1	有控制、快速	30秒
49		栏架-单脚跳-旋转-向外-有反向-90度	2组（左右两侧各1组）	1	有控制、快速	30秒
55		栏架-交换跳-纵向-有反向	2组（左右两侧各1组）	1	有控制、快速	30秒
59		栏架-交换跳-横向-有反向	2组（左右两侧各1组）	1	有控制、快速	30秒
63		栏架-交换跳-旋转-有反向-90度	2组（左右两侧各1组）	1	有控制、快速	30秒

训练计划 3：下肢爆发力进阶训练方案

训练目的： 该训练方案对下肢的神经肌肉系统刺激更明显，可有效提高下肢肌纤维的快速收缩能力和身体控制能力，使青少年在各项体育活动中拥有更高的运动表现水平。

页码	动作图片	动作名称	组数	重复次数	练习节奏	间歇时间
36		栏架－单脚跳－纵向－双接触	2 组（左右两侧各 1 组）	1	有控制、快速	30 秒
40		栏架－单脚跳－横向－向内－双接触	2 组（左右两侧各 1 组）	1	有控制、快速	30 秒
44		栏架－单脚跳－横向－向外－双接触	2 组（左右两侧各 1 组）	1	有控制、快速	30 秒
50		栏架－单脚跳－旋转-向内-双接触-90 度	2 组（左右两侧各 1 组）	1	有控制、快速	30 秒
52		栏架－单脚跳－旋转-向外-双接触-90 度	2 组（左右两侧各 1 组）	1	有控制、快速	30 秒
56		栏架－交换跳－纵向－双接触	2 组（左右两侧各 1 组）	1	有控制、快速	30 秒
60		栏架－交换跳－横向－双接触	2 组（左右两侧各 1 组）	1	有控制、快速	30 秒
64		栏架－交换跳－旋转－双接触-90 度	2 组（左右两侧各 1 组）	1	有控制、快速	30 秒
66		栏架－双变单－纵向－双接触	2 组（左右两侧各 1 组）	1	有控制、快速	30 秒

训练计划 4:"随心所欲" 训练方案

训练目的: 提高青少年在跑步、跳跃过程中的肌肉纤维快速收缩的能力和身体快速变向的能力。同时可以提升他们的神经反应速度,加强身体控制能力和综合运动表现。

页码	动作图片	动作名称	组数	重复次数	练习节奏	间歇时间
70		栏架-敏捷-纵向-一次一步	2 组(左右两侧各 1 组)	1	有控制、快速	30 秒
72		栏架-敏捷-纵向-一次两步	2 组(左右两侧各 1 组)	1	有控制、快速	30 秒
74		栏架-敏捷-纵向-Z字-左右并步连续	2 组(左右两侧各 1 组)	1	有控制、快速	30 秒
78		栏架-敏捷-横向-高抬腿-变向停顿-3栏架	2 组(左右两侧各 1 组)	1	有控制、快速	30 秒
80		栏架-敏捷-横向-高抬腿-左右连续-1栏架	2 组(左右两侧各 1 组)	1	有控制、快速	30 秒
82		栏架-敏捷-横向-高抬腿-左右连续-2栏架	2 组(左右两侧各 1 组)	1	有控制、快速	60 秒
84		栏架-敏捷-横向-高抬腿-左右连续-3栏架	2 组(左右两侧各 1 组)	1	有控制、快速	60 秒

4.4 青少年泡沫轴和按摩棒训练方案

训练计划 1：上身激活及恢复再生训练方案

训练目的： 有效激活上肢及背部主要肌群，提高神经－肌肉连接的兴奋性，改善训练前上肢肌肉僵硬，促进训练后肌肉酸痛的恢复，消除疲劳，预防损伤。

页码	动作图片	动作名称	组数	保持时间	练习节奏	间歇时间
87		泡沫轴-肱二头肌	2组（左右两侧各1组）	30秒	有控制、慢速	无
88		泡沫轴-肱三头肌	2组（左右两侧各1组）	30秒	有控制、慢速	无
89		泡沫轴-背阔肌	2组（左右两侧各1组）	30秒	有控制、慢速	无
90		泡沫轴-上背部	1	30秒	有控制、慢速	无
91		泡沫轴-下腰背	1	30秒	有控制、慢速	无

训练计划 2：下身激活及恢复再生训练方案

训练目的：有效激活臀部和下肢肌肉，改善训练前肌肉僵硬及促进训练后肌肉酸痛的恢复，消除疲劳，预防损伤。

页码	动作图片	动作名称	组数	保持时间	练习节奏	间歇时间
100		泡沫轴 - 小腿后侧	2 组 （左右两侧各 1 组）	30 秒	有控制、慢速	无
98		泡沫轴 - 大腿后侧	2 组 （左右两侧各 1 组）	30 秒	有控制、慢速	无
94		泡沫轴 - 臀部肌群	1	20 秒	有控制、慢速	无
92		泡沫轴 - 大腿外侧	2 组 （左右两侧各 1 组）	30 秒	有控制、慢速	无
99		泡沫轴 - 小腿前侧	1	30 秒	有控制、慢速	无
96		泡沫轴 - 大腿前侧	2 组 （左右两侧各 1 组）	30 秒	有控制、慢速	无
97		泡沫轴 - 大腿内侧	2 组 （左右两侧各 1 组）	30 秒	有控制、慢速	无

训练计划 3：全身恢复放松训练方案

训练目的：利用按摩棒缓解青少年训练后的酸痛感，促进肌肉恢复，消除运动后肌肉疲劳，防止运动损伤。

页码	动作图片	动作名称	组数	保持时间	练习节奏	间歇时间
102		按摩棒 - 前臂前侧	2 组（左右两侧各 1 组）	20 秒	有控制、慢速	无
103		按摩棒 - 前臂后侧	2 组（左右两侧各 1 组）	20 秒	有控制、慢速	无
104		按摩棒 - 大腿前侧	2 组（左右两侧各 1 组）	20 秒	有控制、慢速	无
105		按摩棒 - 大腿内侧	2 组（左右两侧各 1 组）	20 秒	有控制、慢速	无
106		按摩棒 - 大腿外侧	2 组（左右两侧各 1 组）	20 秒	有控制、慢速	无
107		按摩棒 - 大腿后侧	2 组（左右两侧各 1 组）	20 秒	有控制、慢速	无
108		按摩棒 - 小腿前侧	2 组（左右两侧各 1 组）	20 秒	有控制、慢速	无
109		按摩棒 - 小腿后侧	2 组（左右两侧各 1 组）	20 秒	有控制、慢速	无
110		按摩棒 - 小腿内侧	2 组（左右两侧各 1 组）	20 秒	有控制、慢速	无
111		按摩棒 - 小腿外侧	2 组（左右两侧各 1 组）	20 秒	有控制、慢速	无

参考文献

[1] 王雄 , 沈兆喆 . 身体功能训练动作手册 [M]. 北京 : 人民体育出版社 , 2014.

[2] Istvan Balyi, Richard Way, Colin Higgs. Long–Term Athlete Development [M]. Champaign, IL: Human Kinetics, 2013.

[3] Stephen J. Virgilio. Fitness Education for Children: A Team Approach [M]. Champaign, IL: Human Kinetics, 2012.

[4] Frances Cleland Donnelly, Suzanne S. Muller, David L. Gallahue. Developmental Physical Education for All Children: Theory into Practice (Fifth Edition) [M]. Champaign, IL: Human Kinetics, 2017.

[5] Shirley Holt, Hale Tina Hall. Lesson Planning for Elementary Physical Education: Meeting the National Standards & Grade–Level Outcomes [M]. Champaign, IL: Human Kinetics, 2016.

[6] Robert J. Doan, Lynn Couturier MacDonald, Stevie Chepko. Lesson Planning for Middle School Physical Education: Meeting the National Standards & Grade–Level Outcomes [M]. Champaign, IL: Human Kinetics, 2017.

[7] SHAPE America–Society of Health and Physical Educators. National Standards & Grade–Level Outcomes fork–12 physical education. Champaign, IL: Human Kinetics, 2014.

[8] Christine Galvan. Achieve Physical Education Curriculum (Sixth Edition). Gopher Sport, 2017.

[9] Ericsson, K. The influence of experience and deliberate practice on the development of superior performance., The Cambridge handbook of expertise and expert performance. Cambridge, UK: Cambridge University Press, 2006.

[10] Haibach, P. S., Reid, G., & Collier, D. J. Motor learning and development. Champaign, IL: Human Kinetics, 2011.

[11] Mitchell, S., Oslin, J., & Griffin, L. Teaching sport concepts and skills: A tactical games approach. Champaign, IL: Human Kinetics, 2006.

[12] A. Vonnie Colvin, EdD, Nancy J. Egner Markos, Med, Earlysville, Virginia. Teaching Fundamental Motor Skills (Third Edition). Champaign, IL: Human Kinetics, 2016.

[13] John Byl.101 Fun Warm–up and Cool–down games. Champaign, IL: Human Kinetics, 2014.

[14] 拉里·格林, 鲁斯·佩特. 青少年长跑训练: 第 3 版 [M]. 沈兆喆, 王雄译. 北京: 人民邮电出版社, 2016.

[15] 罗宾·S. 维莱, 梅利莎·A. 蔡斯 . 青少年体育运动指导与实践 [M]. 徐建方, 王雄译 . 北京: 人民邮电出版社, 2017.

[16] 斯蒂芬·J. 维尔吉利奥 . 儿童身体素质提升指导与实践: 第 2 版 [M]. 王雄译 . 北京: 人民邮电出版社, 2017.

[17] 威廉·J. 克雷默, 史蒂文·J. 弗莱克 . 青少年运动员力量训练: 第 2 版 [M]. 王雄, 徐建方译 . 北京: 人民邮电出版社, 2018.

[18] 艾弗里·D. 费根鲍姆, 韦恩·L. 威斯克 . 青少年力量训练: 针对身体素质、健身和运动专项 的动作练习和方案设计 [M]. 王雄, 徐建方译 . 北京: 人民邮电出版社, 2018.